Japan

日本史

現代化的東方文明國家

鄭樑生　著

三民書局

國家圖書館出版品預行編目資料

日本史：現代化的東方文明國家 / 鄭樑生著.－－初版
七刷.－－臺北市：三民，2015
面；　公分.－－(國別史叢書)
參考書目：面
ISBN 978-957-14-3715-6　(平裝)

1.日本－歷史

731.1　　　　　　　　　　　　　　　　92004722

©　日　本　史
——現代化的東方文明國家

著 作 人	鄭樑生
發 行 人	劉振強
著作財產權人	三民書局股份有限公司
發 行 所	三民書局股份有限公司
	地址　臺北市復興北路386號
	電話　(02)25006600
	郵撥帳號　0009998-5
門 市 部	(復北店)臺北市復興北路386號
	(重南店)臺北市重慶南路一段61號
出版日期	初版一刷　2003年7月
	初版七刷　2015年1月
編 　 號	S 730110

行政院新聞局登記證局版臺業字第○二○○號

有著作權，不准侵害

ISBN　978-957-14-3715-6　（平裝）

http://www.sanmin.com.tw　三民網路書店

※本書如有缺頁、破損或裝訂錯誤，請寄回本公司更換。

序　言

　　概論性的歷史，並非由幾個人共同執筆，乃宜由一個人就整個歷史作全面性的瞭解與充分的把握下來書寫，在此也就非表達作者對日本史的識見不可。話雖如此，當提筆書寫時，無論對那一個時代的那一個項目，都有正確妥適的理解，是不可能的。筆者卻不揣淺陋，書寫古代至2002年初為止的日本通史，其故在於此間有關日本通史的著作不多，而筆者前此撰著之《日本通史》（臺北：明文書局，民國八十二年）之篇幅較大，內容較深入，閱讀較費時日，故本書乃縮小篇幅，作扼要的論述，以應一般讀者的需要。

　　歷史學的進步與時俱進，新的學說，新的見解不斷出現，因此，本書對戰前失真之論著摒而未用，完全採用當今日本史學界的研究成果，並站在世界史的視野，加以簡明扼要的敘述。敘述時，注意每一歷史事件之發生與其演變情形，亦即作為一客觀之日本通史外，也站在一介外國人的立場來撰寫，且兼及中、日兩國彼此間的關係，與夫國際情勢的演變對彼邦所造成之影響。至於社會經濟的動向與文化發展之關聯，亦為筆者注意之所在。而對各種學說之異同，則加以妥適整理後表達筆者對各該事項的見解，並附適當的註釋文字，以加深讀者對日本史的認識。

二〇〇二年歲次壬午初冬

淡江大學　鄭樑生　識

日本史

現代化的東方文明國家

目　次

contents

第 I 篇
上古、古代

第一章
日本文化的黎明

第一節　原始社會的生活與文化

一、原始社會

　　日本係由位於西太平洋的弧狀列島所組成的島國，北自北緯四十五度的北海道起，南至北緯二十五度的沖繩止，南北長約三千公里。日本列島是由北海道、本州、四國、九州，及其周圍許多小島所組成。這些島嶼在新生代❶第三紀以後，逐漸形成接近於今日的地形。其間，因海平面於冰期下降而與大陸相連，而地質學所謂更新世（洪積世）時代，則相當於考古學所謂舊石器時代，其文化雖稱為舊石器文化，但學者們認為日本列島無舊石器文化。然自 1946 年發現岩宿遺跡以後有許多學者從事此一方面的研究，最近在宮城縣的高森遺跡，發現了似乎可回溯到二十至五十萬年以前的打製石器。

　　之後，北半球進入最後的冰期，日本列島變得異常

❶從更新世地層所發現來自中國大陸之象、大角鹿，及西伯利亞的巨大化石，亦可瞭解箇中情形。

3

寒冷，此時的舊石器時代人以黑曜石、水晶、讚岐岩 (Sanukite) 等石刃製作小刀型石器擷取食物，以維持其生活。然當氣候變暖以後，則製作裝在標槍前端的樹葉形石槍，和細石器等小型剝片石器以從事狩獵。他們居住於岩石下或洞窟入口附近，至後期則出現小型的豎穴居處。當時的飲食生活情形雖不甚明瞭，但可能是以火來烤獸肉，或以樹葉包裹獸肉，然後將其放入經火燒的石堆裏蒸煮。

此一時期的人骨雖已從愛知縣的牛川，靜岡縣的三ケ日、濱北，沖繩縣的港川等地發現，但他們究竟屬於何種人類❷，至今尚未獲得充分的解答。

二、繩紋文化

自更新末進入完新世（沖積世）的前後，氣候變得溫暖，冰河後退而海面上昇，大約在八千年前，日本全域已大致形成今日的形狀。而此一時期的人們已開始製作粗陶器。這種粗陶器以低溫的火燒成，厚度大、質地脆。1877 年（明治十年）發掘大森貝塚的莫斯將這種粗陶器命名為 "cord marked pottery"，後來日本學者把它譯為「繩紋土器」。製作這種陶器的時代叫做「繩紋時代」，這種文化則稱為「繩紋文化」。

繩紋式粗陶器多用未經精煉的黏土，間亦有和以植物纖維者。這類粗陶器的外表多呈黑色、黑褐色及褐色，通常以繩紋來裝飾。有人說這類粗陶器的原始形式傳自西伯利亞，也有人說與秦漢時代的陶器相似，孰是孰非，迄無定論。在粗陶器表面裝飾繩紋的技巧，乃是產生於日本列島的裝飾方式之一，其花紋、意匠形式的複雜與精巧為大陸陶器所無。繩紋文化可依其形式分為早、前、

❷牛川人為約三萬年前的舊人類，港川人是約一萬八千年前，三ケ日（地名）人、濱北人則為約一萬三千年前之後期舊石器時代人（新人類）。除港川人外，都是片斷的人骨。

中、後、晚五個時期，其時間則綿延數千年之久。繩紋式粗陶器雖常伴隨著石斧、石臼（皿）、石杵（棒）或耳飾之類的石器出土，然其石器多打製而磨製者少。同時也出現許多銛、釣鉤、骨角器、土版、土偶等物。如綜合考察這些遺物與他們的住居遺址、墳墓、貝塚等，自可將日本原人的生活文化推想到某種程度。

　　九州繩紋前期的曾畑式粗陶器，似源於朝鮮半島的梳目紋粗陶器，北海道早期具有特色的石刃鏃，則被認為來自西伯利亞，不過這是分散性的例子。繩紋人與大陸斷絕關係而窒居於這個島國，使他們的文化成熟豐潤，可說是典型的島國文化。

　　考古學家們所發現的貝塚，乃當時的人們在飲食後拋棄的殘渣堆積而成，以貝類居多，間亦可發現魚、獸骨與石器、粗陶器的破片。我們既可經由今日尚存的獸骨或鳥骨來瞭解繩紋時代的人們以什麼為食物，亦可透過那些動物一窺當時自然環境的端倪。

　　日本的貝塚目前所知者約有二千處，其中半數以上產生於繩紋時代，這說明當時人們採集貝類所佔的比例相當大。貝塚絕大多數分布

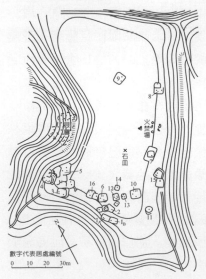

數字代表居處編號

0　10　20　30m

圖1：南堀貝塚之聚落遺址　鶴見川流域有二十餘處繩紋時代前期的密集貝塚，為瞭解那些貝塚的實態，需探究這些聚落遺址的全貌。故於1955年（昭和三十年）夏季，由和島誠一為中心實施橫濱市港北區山田町南堀貝塚的發掘調查，共發現四十八戶的住居遺址，這些住居係圍繞著「廣場」形成一定的配置。

圖 2：西方貝塚的豎穴住居遺址　在神奈川縣茅ケ崎市香川西方貝塚發現
的住居遺址，顯示著近於臺型的長方形平面，長約八公尺，短三‧五至五
公尺。從中發現六根的主柱穴與兩根的支柱穴。住居的偏西處有簡單的爐
址，壁溝頗深，約五十至八十公分。此係繩紋時代前期、黑濱期的遺跡。

於日本東部，而集中分布於松島灣沿岸、東京灣沿岸、三河灣沿岸。
這些地方乃適宜多種貝類棲息的，面臨淺海性、砂泥性的廣闊海域，
時至今日，這些海域仍以盛產貝類著稱。日本西部則在兒島灣一帶、
有明海、八代海沿岸有若干貝塚，至於日本海沿岸，則其總數僅約二
十處而已。

　　由貝塚遺跡來判斷，當時的部落可能散布在海岸與島嶼的洪積層
上，後來則從波浪沖擊的海岸遷到內地，而生活於洪積層的稍高處。
迄至末期，則傾向轉移到低處，其規模也變大。從已發掘的住居遺跡
可知當時的住居有兩種：一為將地板設於地下的豎穴式；一為將地板
設於平地，而以石、草鋪在地面的平地式，但間亦有居住洞穴者。衣
服則以木質纖維織成，並以粗糙玉類為飾。其遺骸雖埋葬於住居附近，
但並不築墓而以屈身葬為主。除生前佩飾外，別無副葬品，而仍處於
咒術信仰階段。

三、日本原人

如從考古學和人類學的觀點來看，最早居住於日本列島的人種雖與愛奴 (Ainu) 或與當今的日本人有異，卻可視為其祖型的獨特人種。當此一人種散布各地以後，更有其他人種來到此一列島，造成民族的大融合。

日本原人究竟從什麼地方來，迄今尚未明瞭。如從他們所使用的粗陶器或語言的特質來看，固有人以為他們係在四、五千年以前經由庫頁島或朝鮮半島至日本的，但這種說法未必可靠。我們可以確定的，就是今天的日本人絕非單一的民族，乃是由許多周圍民族與日本原人混血、融合而成。其中容有因潮流關係，來自南方的印度尼西亞 (Indonesia)，或波里尼西亞 (Polynesia) 的內古里特 (Negurito) 人，但從地理上言，應是從亞洲大陸方面來者居多❸。

史前時代外來文化傳至日本的路徑約有五端：

1. 自西伯利亞東北端經由庫頁島進入北海道，亦即舊石器時代的部分人士曾經由此一路線至日本。
2. 自沿海州橫渡日本海至北陸、山陰等地。
3. 從朝鮮半島至日本。
4. 從長江口岸橫渡黃海的路線，此乃自長安、洛陽赴日的捷徑。
5. 自南海北來的路線。東南亞地區的文化可能經由此一途徑傳到日本。

傳布日本的文化所經的途徑既異，其給予日本文化的影響，也因時代環境需要的程度不同而有深淺之分。

❸秦漢末年及五胡亂華期間曾有大批華人遷徙於此。

第二節　農耕的普及與社會的變化

一、稻作的開始

西元前四世紀後半，有一新文化經由朝鮮半島傳播到九州西北部，此一文化乃伴隨著較繩紋粗陶器稍高的溫度燒成而呈赤褐色，花紋與形狀也簡單樸素的彌生粗式陶器❹，叫做彌生文化。這種文化持續至三世紀前後，這個時代的日本社會曾經發生很大的變化。

彌生時代❺在日本人的歷史裏，可定位為革命的時代。因為他們既已從狩獵採集的自然經濟，躍進於農耕家畜的生產經濟，也從利用石器變為使用金屬器具的時代，並且階級社會逐漸成立，奠定了國家的統一基礎。包含語言、信仰在內，可謂已確立了日本人的生活步調。

早在繩紋晚期開始於九州西北部的水稻耕作，至彌生前期的西元前二世紀至一世紀前後，水稻的種植範圍已擴及於本州北端，此一事實可由靜岡縣的登呂遺跡、青森縣的垂柳遺跡等所發現繩紋晚期的粗陶器裏有穀殼壓痕獲得佐證。

❹1884 年（明治十七年）因在今東京都文京區彌生發現這種粗陶器而得名。係日本初期鐵器時代所使用，有貯藏用壺，蒸煮用的甕（大型者用於儲水），裝盛食物的高坏等。

❺使用彌生式粗陶器的時代。即日本開始從事稻作農耕、使用鐵器、青銅器，至古墳出現為止的時期，即從西元前三世紀前後起，至西元三世紀的一段時間。以粗陶器的研究為基礎，分為前、中、後期三期。前期從九州擴及近畿地方（東部日本屬繩紋晚期末），中期則及於東北地方。因扁平片刃石斧等磨製石器、青銅器，及前期北九州支石墓等，與大陸文化相同的地方甚多，並且從初期開始便擁有進步的農耕技術，所以這個時代的文化應係受到大陸移民集團的影響。由於灌溉技術進步而逐漸獲得安定的農業生產，並且在各地成立了農業共同體，其作為生產器具的鐵器普及，故至後期，已幾乎看不到石器。當時不僅能夠製作銅鐸、銅劍、銅矛、銅戈等青銅祭器，製鐵、製鹽等事業也有進展，更經由交易、作戰使共同體系列化，被統合，逐漸形成政治上的地域集團。

圖3：石刀與貝刀　通常多以石製成，但
關東地方也使用以大型貝殼磨製而成的
貝刀。上圖：彌生前期遺物，長十五‧
四公分，發現於大阪府池上遺跡。（大阪
文化財中心典藏）下圖：彌生中期遺物，
發現於神奈川縣間口洞窟遺跡。（神奈川
縣立博物館典藏）

　　彌生時代所使用耕耘水田的農具主要為木製，而木鋤、木犁，可
能足以應付濕地水田。木鋤乃須並用腳力來耕耘的器具，形狀類似今
日的圓鍬，在鋤身加上一根柄，係適合翻土、挖土。稻採直播方式，
成熟時則只割稻穗。為此，人們主要利用稱為「石包丁」（石刀）的石
器來割稻，這種石器是以堆積岩之一的粘板岩等來製作的磨製器具，
在中間打兩個洞，穿上帶子，將手套在帶子裏握著石刀來收割，也有
以貝殼來製造的貝刀。

　　收割的稻穀儲藏於高架倉庫或儲藏穴，以臼、豎杵除去穀殼，用
甕來煮食，有時則以甑來蒸食。他們製作木製農具所使用的石器為磨
製石斧，而水稻農耕，則可能傳自中國的江南。除水稻外，還種植大
麥、小麥、粟、豆類等，範圍相當廣泛，這可從碳化遺體的發現瞭解
箇中情形。同時，他們也開始紡織麻類植物的纖維來製絲織布，這可
由數年前從彌生時代遺跡所發現的絹布、紡錘車等獲得證明。至於瓜、
桃的種籽，雖也往往出現於彌生時代的遺跡，而有可能栽種它們，然
就整個糧食所佔比率觀之，其數量應不多。

二、彌生文化的特色

彌生文化的特色之一，就是從大陸東傳了青銅器與鐵器。以銅、錫合金製成的青銅器在中國早已於西元前 1500 年的殷周之世，盛行於黃河及淮河流域。鐵器的使用則始自西元前六世紀，在西元前四世紀已相當普及。這種在中國發達的青銅、鐵製器具，經由朝鮮半島東傳日本以後，便逐漸取代了原有的磨製石器。

因鐵製器具容易腐蝕，故所發現的例子不多，但它們早在彌生前期已傳至日本。彌生中期數量增多，鐵製鎌刀取代了石刀，鐵斧、鐵刀、鐵鉋取代了石製器具。迄至彌生後期，石製器具顯著減少。由於鐵器的普及，人們便有可能耕耘較大規模的水田，及開發半乾田了。

日本青銅器發達的時間不似中國那麼長，所以並未清楚地形成青銅器時代，其被日本人使用的時期，則幾乎與鐵器相同。

彌生文化的特色之二，就是生產方式的顯著發展。當時除農耕普及外，也從事漁獵活動。

當稻作普及以後，便逐漸成立具有定居性質的集團部落，而原以漁獵為中心的生活也開始發生變化，使村落居民的物質生活更為充裕。因金屬器具遠較石器犀利、耐用又方便，所以能夠利用它們的部族，更能提高其生產力，且以武力壓迫生產力低、防禦力量弱的部族，而已出現身分上的差異。其所製造的陶器已出現貯藏的形式，這可表示其生活較前豐富。

彌生文化的特色之三，就是當時已使用甕棺與箱型棺。此一時期雖多木棺墓土壙墓，然在九州北部卻盛行甕棺墓、箱式石棺墓與支石墓；出現於彌生前期後半的方形周溝墓，之後則普遍於整個本州區域。這些墳墓多半沒有陪葬品，但有時卻可從中發現以當時的貴重物品銅劍、銅鏡、玉類作陪葬品。例如從福岡縣春日市須玖岡本的須玖遺跡出土的甕棺裏有三十餘件銅鏡、銅劍、銅矛，及銅矛鎔範等物品。我們可從此一事實推知，該墓主生前的富有情形及可能居於領導地位。

圖 4：木棺與支石墓　木棺以木板組合而成。畿內地方所見者有如右圖所示，有的在底板接近兩端處打洞插入端板而拼湊兩側板，有的以端板所用孔為貫孔，將端板深深插入土中。此係彌生中期的遺物，長二・〇九公尺。發現於大阪府安滿遺跡。（大阪府高槻市教育委員會典藏）支石墓，也叫卓石，以群集方式出現，故非埋葬集團的特定人物。由於發現金印（見圖 5）的九州志賀島附近沒有支石墓，故金印為支石墓陪葬品之說已被否定。右圖所示支石墓為彌生中期遺物，發現於長崎縣里田原，長一・三公尺。（長崎縣教育委員會典藏）

三、統一國家的形成

　　彌生文化開始之際，同時使用青銅器與鐵器之事雖值得注意，但這種現象卻可由當時中國的金屬文化早已經過青銅器時代，而利用鐵器之事來加以說明。西元前二世紀的中國正值前漢帝國成立，隨著生產技術的進步，鐵製農具已相當普及。除漢鏡外，刻有「漢委奴國王」的金印與多紐細紋鏡的存在，也證明了當時的日本所受中國文化的影響。

　　其為首長所領導的聚落，不久以後被統合，至彌生中期便在各地出現像鄉鎮規模大小的國家而由各該首長所統治。當時的中國人稱日本為「倭」。如據《漢書》〈地理志〉的記載，西元前一世紀的倭人分為百餘國，以歲時至樂浪郡獻見。所謂以歲時獻見，就是按時令前往中國朝貢。《後漢書》〈東夷傳〉則說，倭之奴國王所遣使者曾於西元57 年至後漢首都洛陽朝貢，光武帝授以印綬。107 年，則獻生口（奴隸）一百六十人。由上舉紀錄觀之，那些小國王們是藉朝貢以獲中國

圖5:「漢委奴國王」金印　1784年（天明四年）發現於福岡縣粕屋郡志賀島，典藏於福岡藩主黑田家的金印。每邊長二‧三公分，厚〇‧八公分，重一〇八‧七公克。上端有蛇紐，總高約三公分。以隸書將漢委奴國王五字刻成三行，日語讀作「漢之倭之奴之國王」。此係《後漢書》〈東夷傳〉所見漢光武帝於西元57年賜予倭之奴國王者。其仿製品見於東京國立博物館。

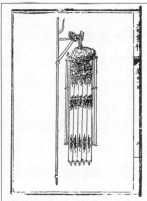

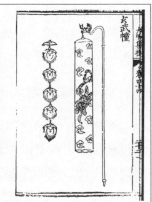

圖6:「親魏倭王」印與幢　如據《三國志》〈魏書〉「東夷傳」的記載，倭女王卑彌呼於238年朝貢曹魏時，明帝賜予「親魏倭王」的印綬。綬就是繫印的帶子。四鄰各國獲賜「親魏□□」者只有倭國與大月氏，可見他十分重視倭國。此事當與當時朝鮮半島的局勢有關。原印已佚亡，據說《宣和印譜》所載印影是假的。此幢因根據五行思想裡的北方之神「玄武」，故曰「玄武幢」，另一幢中空而垂直，係軍旗之一。

　　王朝的支持，以提高其權威。

　　迄至第三世紀二〇年代，中國的後漢已滅亡形，成蜀、魏、吳三國鼎立的局面。《三國志》〈魏書〉「東夷傳‧倭人」條說，倭在二世紀

後半曾經發生內亂，至三世紀前後，那些部落國家已因兼併或統一而只餘三十餘國，為邪馬臺國的女王卑彌呼所統攝。卑彌呼曾於 238 年遣使前往中國，朝貢於魏。魏明帝乃封卑彌呼為「親魏倭王」，並賜以金印紫綬、銅鏡、絲織品等物；使節難升米及牛利等則分別獲賜率善中郎將、率善都尉之職銜與銀印青綬。此邪馬臺國原以男子為王，唯至後漢末年，因內亂而互相攻伐，乃共立一女子為王，此王即卑彌呼云。以此推之，則倭國發生內亂，係在二世紀中葉，在此以前，邪馬臺國可能已經存在。

卑彌呼薨後，雖立男子為王，然因國內又亂，遂改立卑彌呼之族女壹與，內亂方才得以平息云。壹與也與曹魏交通往來，唯於 266 年遣使朝貢西晉後，邪馬臺國的消息便告中斷。此後約一百五十年的時間，中國史書並無關於倭國的記載。邪馬臺國的位置如何？其說有二：其一為九州北部，其二則為大和（奈良縣）地方，迄今仍眾說紛紜，莫衷一是。但無論如何，日本國土的統一，應是第三世紀後半以後之事。

第二章
古代國家與攝取中國文化

第一節　國土統一與中國文化的影響

一、大和政權的成立

　　日本史學家在第二次世界大戰前與戰後所撰寫的日本史內容不盡相同，尤其在肇國部分。日本於東亞國際社會受到注意，係在三世紀前後邪馬臺國出現之時。此邪馬臺國在日本古代史上佔有重要地位，乃是日本向同盟國無條件投降以後。戰前的日本學者雖有人提及此事，卻以戒慎恐懼的態度來處理，唯恐冒犯皇室的忌諱，被加上「大逆罪」而不敢暢所欲言。因此，《古事記》與《日本書紀》所記載有關日本開國部分充滿神話的文字，到戰後被完全否定，且認為中國史乘的記載方才信而有徵。更認為如欲探討日本草創時期的歷史，自非根據中國的文獻不可。於是《三國志》〈魏書〉「東夷傳‧倭人」條所記文字便取代《古事記》、《日本書紀》，成為研究日本古代史不可或缺的史料。其理由在於日本學者認為在三世紀編纂的《三國志》〈魏書〉，應較八世紀完成的《古事記》（712 年）、《日本書紀》（720 年）等充滿神話色

彩的記載，更具說服力。

以日後的大和❶為中心的畿內，曾以最有勢力的豪族首長為中心，形成了由諸豪族聯合的「大和政權」。此大和政權的勢力急速成長，至四世紀中葉時，可能已及於中部以西之西日本一帶，這可由古墳的分布情形瞭解其端倪。

在三世紀末或四世紀初，從瀨戶內海沿岸至畿內各地出現了古墳。首長們為顯示自己的權威，乃在能夠俯瞰平原的丘陵建造雄偉的墳丘大墓。這種古墳在四世紀中葉時的九州北部至中部地方已有其蹤影，尤其以大和為中心，在畿內有許多巨大的古墳集中於此。古墳群的中心地帶似為諸豪族所佔據，所以我們可從古墳的分布情形，來瞭解當時各氏族割據的情況。

古墳有方墳、圓墳、前方後圓墳等，其規模宏大者有五世紀初築於大和的垂仁天皇陵、河內的應神天皇陵、和泉的仁德天皇陵等，它們無不象徵大和朝廷當時的威勢。此古墳建築雖維持到八世紀前後，盛行於五、六世紀，但在大化二年 (646) 發布〈薄葬令〉以後便開始式微，因此，飛鳥時代❷正值古墳時代末期。

從四世紀後半至五世紀初，在北九州的玄海灘沿岸也出現典型的大型前方後圓墳，如：《三國志》〈魏書〉「東夷傳・倭人」條所謂伊都國的福岡縣糸島郡銚子塚古墳、末盧國的佐賀縣松浦郡谷口古墳等即是。這表示曾為北九州勢力的中心地帶，也出現了與大和政權結合的豪族。值得注意的是：位於玄海灘的孤島──沖島，在此一時期曾為航行朝鮮半島的安全而一再舉行似為國家祭祀的祭海儀式，這表示大和政權侵略朝鮮半島，和以北九州為據點之事有關。

❶現今奈良縣地方的稱呼，其作為「國（行政區域）名」而用大和兩字，係在八世紀中葉以後，在那以前係用大養德、大倭等字，而均讀如 Yamato。

❷推古天皇執政的七世紀前後的時代，原為美術史上的時代區分。這個時代的文化是以佛教為中心的貴族文化。

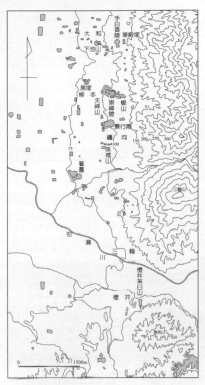

圖7：柳本與鳥見古墳群　從奈良縣天理市南部跨於櫻井市的三輪山與鳥見山，其山麓有可能為初期大和政權王陵的大前方後圓墳集中地，尤其在天理市大和、柳本有王陵級的超大前方後圓墳，周圍有中、小規模的前方後圓墳、圓墳群集著，並且有前方後方墳（下池山古墳）、雙方中圓墳（櫛山古墳）。在眾多的前方後圓墳中，除珠城山古墳伴隨著橫穴式石室的六世紀型古墳外，幾乎都是前方部分低的四世紀型。另一方面，在前方後圓墳背後的丘陵則於六世紀出現圓墳與橫穴的大群集墳，其總數多達數百。

二、侵略朝鮮半島

　　畿內勢力征服北九州的最大目的，當與直接掌握與朝鮮半島之間的航路有關；且欲以打倒獨佔朝鮮航路的北九州勢力為共同目的，使畿內與瀨戶內海兩岸的諸豪族集結於大和政權之下，從而掌握強大的軍事力量。於北九州確立據點的大和政權在不久以後，便動員瀨戶內海兩岸及北九州諸豪族的水軍，開始向南朝鮮沿岸的各地區從事侵略。

　　當時的朝鮮半島上有高句麗、百濟、新羅三國彼此對立，其最接近日本的南朝鮮伽羅諸國則尚處小國分立的狀態。因此，大和朝廷乃將其侵略的矛頭指向伽羅諸國與新羅，而除在前者的地區確立侵略據點外，似乎又與百濟建立同盟關係。

❸如據《日本書紀》的記載，她係仲哀天皇之后，名息長足姬尊，諡神功。仲哀薨後，派兵至朝鮮半島討伐新羅、百濟，高句麗降服。亦即她是日本侵略三韓故事中的人物。一般認為這是編纂《古事記》、《日本書紀》時，為將日本定位為「大國」而虛構者。

由奈良縣天理市石上神宮作為神寶流傳下來的「七支刀」的刀身銘文可知，它造於東晉泰和四年 (369)，係百濟王贈與倭王者。《日本書紀》以為此事發生於神功皇后❸的時代而有相關記載。該書還紀錄對朝鮮半島的當事者葛城襲津彥 (Katsragino Sotshiko) 活動的情形，而韓國的史乘也有似與襲津彥同一人物的人名。由於在被認為屬於葛城氏古墳群的馬見古墳群 (位於大和平原)，曾經挖出許多大陸製的金銅製腰帶物件，此一事實與文獻上所推知葛城氏的活動頗能一致。至於《古事記》、《日本書紀》所記載神功皇后征討朝鮮半島之事，雖是根據後世的日本統治者的願望虛構的人物，但「七支刀」的東傳與葛城氏的傳承，則可認為是當時史實的佐證。

當時，高句麗與新羅的勢力比較強大，致百濟與任那因受他們的壓迫而向倭求援，大和朝廷乃決定遣軍至朝鮮半島。五世紀所建立「高句麗好太王 (廣開土王) 陵碑」記謂：大和朝廷曾自辛卯年 (391) 起至五世紀初，倭兵渡海擊敗百濟、新羅，並統治加羅。百濟雖服屬於倭，新羅卻求救於高句麗，所以倭乃聯合百濟以攻新羅，且與高句麗的部隊戰於現今京畿、黃海兩道附近。

三、倭五王與中國南朝的交通

中國在三國之後，司馬氏於 280 年統一全國，建立晉朝。至四世紀初，因北方異族入侵，晉遂不得不遷徙江南。之後，中國進入北方與南方一再重演王朝興替的南北朝時代。日本則自從大和朝廷於朝鮮半島確立橋頭堡以後，至五世紀時，為使其與朝鮮半島的交通更為有利，乃以百濟為媒介，不斷遣使朝貢中國的南朝。從 413

年起至 502 年之間，倭王讚、珍（一說彌）、濟、興、武等五王（倭五王），他們除向中國朝貢外，還一再乞求賜予表示其為倭國與朝鮮半島諸國統治者的稱號，亦即他們想藉中國皇帝的權威，使自己在朝鮮半島上的地位更為有利。

如據日本史乘的記載，漢人從樂浪、帶方兩郡大量遷徙日本，是在三世紀，中國在朝鮮半島的遺民弓月君（一稱融通王）於 274 年率領一百二十七縣之民至日；弓月君自稱為秦始皇十三世孫，故日人稱之為秦人。另一漢人集團赴日，則在 289 年，由自稱為後漢靈帝三世孫的阿知使主所率領，故日人稱之為漢人。根據日人的訓讀，秦 (Hata)、漢 (Aya) 兩音，均與紡織有關。

迄至 306 年（西晉光熙元年，應神天皇三十七年），阿知使主奉派至吳（今江蘇江寧縣南山里）求女工、漢織、吳織等技工前往日本傳授紡織技術，他們的子孫則對文筆、武藝、產業的發展方面有所貢獻。五世紀時則有鍛冶、製陶方面的技術人員東渡，被組成韓鍛冶部 (Karakanuchibe)、陶作部 (Suetskuribe)、錦織部 (Nishikig-oribe)、鞍作部 (Kuratskuribe) 等專業集團傳授了新的冶金術與製作須惠器❹的技術。

日本史乘記載，漢籍在三世紀八〇年代中期已經由客居百濟的漢人王仁正式東傳日本，至五世紀頃已利用漢字來紀錄，而擔任大和政權的紀錄、出納，及撰擬外交文書等工作的，就是稱為史部（職司文書工作的專業集團）的大陸移民們。王仁東渡時，曾經攜帶《論語》等儒家經典；六世紀時則有五經博士東渡扶桑，這表示儒教在當時已被傳到日本。儒教之東傳不僅給予明治維新以前日本政治、思想、宗教、教育、日常生活習慣行

❹亦稱祝部式土器（粗陶器）、朝鮮土器。盛行於古墳時代後期至平安時代的陶質器具，以千度以上的還元火燒成，呈灰色或灰黑色。

為規範，以及文化上莫大的影響，當今的日本人士也大都以儒教為待人處世的準繩。除儒教外，醫、易、曆等學問及道教也先後傳到日本，佛教則至六世紀中葉始東傳。

四、氏姓制度

隨著國內統一的進展，大和政權的政治組織也逐漸完備。大和政權係以「大王」為中心，由大王家與大和、河內及其周圍的豪族所組成。因豪族們須把自己在政權內所扮演的角色弄清楚，故以自己的根據地或職稱，如：葛城、平群、玉作、忌部、土師為名。其具有同一稱呼的同族集團叫做「氏」，「氏」的統率者稱「氏上」(ujinokami)，其他成員則稱為「氏人」(ujibito)。氏之下有稱為部曲 (kakibe) 的農民，附於氏而稱為某某部。部之下又有奴隸，但為數不多。氏上與氏人復因其家世與工作而獲臣 (omi)、連 (muraji)、君（kimi，公）、直 (atai)、首 (obito) 等姓，世襲其地位與工作。這種以氏的組織為基礎，以姓來秩序化的制度叫做氏姓制度。

中央政治由臣、連等中央貴族中最有勢力的大臣、大連來擔任，政權的警備、祭祀及各種各樣的職務則由伴造 (tomonomiyatsko) 來分擔。伴造係率領稱為「伴」的世襲職業集團，與稱為「品部」(tomobe、shinabe) 的職業部民仕於政權；地方的統治則委諸服屬的地方豪族，而給予國造 (kuninomiyatsko)、縣主 (agatanushi) 等地位，使他們治理其原有的土地。

勢力越大的氏便擁有越多的部曲與名為田莊 (tadokoro) 的私有地，大王家則除品部外，也以地方豪族所統治的部分農民作稱為「子代」(koshiro)、「名代」(nashiro) 的部民，且設名為「屯倉」(miyake) 的直轄地，使地方豪族管理它們。五、六世紀之際的國政，是由大連的大伴氏、物部氏，與大臣的蘇我氏所主導。

第二節 推古朝的政治與飛鳥文化

一、聖德太子的新政

從四、五世紀前後開始，大和朝廷的勢力已逐漸強大，然至仁德天皇以後，因皇位繼承問題所引起的內訌，與豪族擅權所引起的國內政治動搖，致地方官各為其黨而爭，使國家在軍事、外交政策上無法採取統一方針，而五朝元老大伴金村割讓任那四縣給百濟，亦引起任那的怨懟，及國內人士的責難。大伴金村失位後，蘇我稻目與物部尾興各自兼併弱小氏族以擴張田莊 (tadokoro)，勢力愈益強大。在此情形之下，他們兩者之間便一再發生對立與拮抗。蘇我氏並與大陸移民結合，以掌握大和政權的財政，更與大王家結成婚姻關係而頭角崢嶸。至六世紀末，蘇我馬子消滅了物部守屋，其勢力竟超越大王家，最終暗殺崇峻天皇。

在中國方面，楊堅於六世紀末結束南北朝分裂的局面，建立隋朝。朝鮮半島則是日本與新羅相爭，而前者常處於劣勢。新羅乃趁機與高句麗聯合，自六世紀以後便急速發展，壓迫百濟，導致任那諸部落國家中僅存的國家也在 562 年降伏新羅，日本大和朝廷遂失其在半島上的直轄地。

崇峻被弒後，蘇我氏遂與有姻親關係的厩戶皇子（諡聖德太子）結合。用明天皇之妹推古天皇（敏達之后，蘇我氏之外孫女）即位後，由聖德太子輔政。聖德在群臣協助下致力改革政治，欲樹立以皇室為中心的統一安定勢力。聖德太子雖有意恢復日本在朝鮮半島上的勢力，但因有隋、新羅等強大的鄰國而徒勞無功。在這種情況之下，聖德乃更改其武力征戰的對外政策為善鄰，並致力革新國內政治，以日益強大的皇室勢力為基礎，確立統一國家的理念，就這種意義上言，聖德可謂為大化革新的前驅。

　　聖德太子所實施的新政，對內主要措施為定冠位與頒布憲法，冠位定於輔政後不久的推古天皇十一年（隋文帝仁壽三年，603）十二月戊辰朔王申，第二年春正月戊戌朔始賜冠位。此一制度乃依勳功的大小賜冠，並依冠色的異同來表示各職官官階的高下，與前此氏屬於姓，官職為世襲者不同。即：冠位屬於個人，止於一身，打破門閥，登用人才而意義深遠。並且將冠位分為十二階，以陰陽家五行之木、火、土、金、水配以仁、禮、信、義、智，而以德字加以統攝。也就是說比照五行而以德、仁、禮、信、義、智作冠位名稱，各分大小，共得十二冠位。很明顯的，這是欲使朝廷的制度組織化，而其名稱採用德、仁、禮、信、義、智，令人不由得想起儒教支配其政治思想的力量。

　　聖德太子定冠位以後，復於推古天皇十二年夏四月頒布《憲法十七條》。此憲法的適用對象並非日本全國人民，而是對朝廷公卿與所屬官吏所要求的政治道德。當時的氏族雖各自割據而互爭勢力，但太子則欲將他們統一於朝廷之下，藉謀政界的安定，所以其第一條說：「以和為貴，無忤為宗，人皆有黨，亦少達者。是以或不順君父，乍違於鄉里。然上下和睦，諧於論事，則事理自通，何事不成。」以言和的精神，以訓應尊重眾議。並且在其簡潔的條文裏敘述統一國家的觀念，道德政治的理想，君、臣、民應有的型態，而其企圖統一國家的理念洋溢於字裏行間。就整個憲法條文裏值得注意的是：它強調確立朝廷的權威，有意把諸氏族下的人民與土地集中統一於朝廷之下，而其根據儒教而來的政治理念成為此一憲法的基本精神，自不待言。

　　推古天皇二十八年 (620)，聖德太子與蘇我馬子商議輯錄《天皇記》、《國記》、《臣連伴造國造百八十部並公民等本記》，現今這些書既已亡佚而難知其內容，它們是否完成，也令人存疑。不過，聖德太子擬經由此一事業來加強朝廷的權威，將朝廷與各氏族之間的關係作有系統的、歷史的密切結合，實無庸置疑。而其象徵朝廷權威的「天皇」一詞，似乎也從這個時期開始使用。

　　前此推古天皇十年，當百濟僧侶觀勒赴日時，曾獻曆書與天文、

地理之書，因此，從十二年甲子正月開始用曆，日本的紀年也可能是在這個時期定的。

二、對外交通

聖德太子輔政之初，雖曾著手當時成為懸案的征討新羅工作，於600年派遣許多兵員，卻因602年所遣征討部隊之指揮官死亡而受到挫折，所以在那以後便致力於充實內政。對輸入先進文化問題，則與歷代朝廷一樣，採取積極態度，而《隋書》〈倭國傳〉言其於600年遣使至新興的大隋帝國，《日本書紀》〈推古天皇紀〉則謂於607年以小野妹子（蘇因高）為使，至中國朝貢。因該〈表文〉裏有「日出處天子，致書日沒處天子，無恙」之句，故煬帝大為不悅，謂：「此蠻如此無禮，無復以聞」。日本學者雖據〈表文〉這段文字，認為是隋、倭兩國的平等外交，但中國學者以為此一說法是無稽之談而未予接受。對這個問題，雙方爭論已久，迄今仍無結論。

小野妹子返國之際，煬帝遣文林郎裴世清東渡日本，裴世清回國時，小野妹子又奉命出使中國，僧旻、高向漢人玄理、南淵漢人請安等華裔留學僧、留學生偕行。那些留學僧與留學生學成歸國後，在七世紀中葉推行政治革新時，曾貢獻他們之所學。

聖德太子雖對其新政懷有很大希望，並穩妥地實施，卻因欠缺具體的經濟、社會政策，及與權臣蘇我氏妥協，終致未能徹底執行。雖然如此，由於他能夠找出當時內政的癥結所在，又能指出國家應走的方向，給日後的大化革新奠定基礎，故其政績仍值得稱揚。

三、飛鳥文化

自從佛教於538年（一說為552年）東傳日本以後，雖因是否要接受這外來宗教問題而有過一番爭執，然經推古天皇與聖德太子等人的致力保護以後不久，便逐漸開始信奉。聖德太子本人也擬藉佛教以提高日本文化，而以佛教所言和之精神來統合民心。而他自己也曾向

來自高句麗與百濟的僧侶學佛理,並撰寫《法華經》、《勝鬘經》、《維摩經》之注釋書《三經義疏》。

自從佛教東傳起,以聖德太子輔政時代為中心大約一個世紀,因日本首都在現今奈良縣飛鳥地方,所以稱飛鳥時代,並稱此一時代的文化為飛鳥文化。這個時期的佛教寺院,首先由蘇我馬子興建飛鳥寺(法興寺),繼則由聖德太子建四天王寺、斑鳩寺(法隆寺)等,豪族們也蓋氏寺(家廟)以取代古墳。其中法隆寺雖曾遭遇祝融之災,然其金堂、塔、中門的大部分迴廊,至今仍保留當時的建築式樣,乃是現存世界最古老的木造建築。其細部有中國北魏的風貌,至於圓柱收分曲線(柱之隆起或陽紋)則淵源於希臘的神殿建築。

創造飛鳥文化者多是來自大陸的人們,此可由許多事例獲得證明。法隆寺廣目天像的光背銘文書寫其造像者為「山口大口費」等人,乃與《日本書紀》白雉元年(650)條所記「漢山口直大口」為同一個人,係客居百濟的漢人。據考古學的調查,相傳完成於推古天皇四年(596)飛鳥寺的伽藍配置,與高句麗的清岩里廢寺(金剛寺)同一形式,其居住該寺的僧侶為高句麗的慧慈與百濟的慧聰,兩人都是聖德太子奉以為師的;太子的儒學則師事於從大陸東渡的博士覺哿。

京都大秦的廣隆寺原稱葛野秦寺,乃秦河勝所建;聖德太子逝世(622) 後,其妃橘大郎女因追思聖德所製作「天壽國繡帳」,乃是以東漢末賢、高加西溢、漢奴加己利為畫者,而以椋部秦久麿為「令者」(指導者)製成的繡帳。

飛鳥時代的佛像以銅製鍍金的金銅像與木像為主,當時的佛師中名留後世者有大陸移民後裔鞍作止利(鳥),法隆寺金堂的釋迦三尊像就是他的作品。此外,廣隆寺或中宮寺的半跏思維像、法隆寺夢殿的救世觀音像等也是此一時期的代表作。獅子壽文錦有伊朗的風格,龍首水瓶則是中亞形式。總之,飛鳥文化是以中國南北朝、隋的文化影響為中心,間亦可發現受到朝鮮半島及西域、希臘、薩珊王朝、波斯等地的影響。因此可說,此一時期的文化所含國際色彩相當濃厚。

圖 8：天壽國繡帳（部分）　此繡帳在鎌倉時代 (1185–1333) 前後下落不明，某日，尼僧信如從同像尼眾所夢得知此繡帳之所在，而於奈良的法隆寺實藏找到，不過當時已破損不堪，故擬加以仿製以留後世。《上宮聖德法王帝說》記載，一丈大小的繡帳有二帳。由留存今日的繡帳觀之，在技法上很明顯的有兩種，即：繡與色調很清楚的，與色彩褪而繡難看、形狀變者兩種，相傳後者為鎌倉時代的仿製品。其畫風類似中國六朝時代的壁畫，表示本圖是受到六、七世紀大陸文化的影響而產生。（奈良縣中宮寺典藏）

圖 9：半伽思維像　左足垂下，右足置於左膝之上托腮的姿勢叫半跏思維像。此固為表現釋尊沉湎於冥想的姿態，但彌勒也往往採此姿態。這尊佛像到底把它當作彌勒或釋迦來製作，情形不明。它完成於七世紀前半。此一時期的木像大都是楠木的單木造，然此像的姿態複雜，所以是使用數根木頭的拼木造。像高八十七公分。（奈良縣中宮寺典藏）

　　飛鳥時代的文化，係僅由朝廷與貴族所享受的文化，其傳布地區則尚未超出大和地方。無論建築、雕刻或繪畫，莫不以佛教為中心而發展。

第三章
律令國家的形成與
古代國家的發展

第一節　律令體制與白鳳文化

一、權臣蘇我氏失位

　　聖德太子所推行的新政，在興隆佛教等文化方面雖收到豐碩的成果，現實的政治方面則僅表示其理想而已。這種理想在聖德太子逝世後約二十年的大化革新，及之後革新政治的開展才得以實現。

　　如要根據聖德太子的政治理想來改革現實的政治體制，權臣蘇我氏的勢力便成為巨大阻礙。聖德太子離開人寰後，蘇我馬子之子蝦夷與其孫入鹿更逞其權勢而目中無人，尤其在馬子死後，竟攻擊有可能成為皇位繼承者的聖德太子之子山背大兄王，使其自殺，並殺其家人。

　　在此一時期，聖德太子所遣，隨小野妹子前往中國的留學生與留學僧，歷經短者十五年，長則三十年的留學後相繼回國。其間，隋於618 年滅亡，出現了強大的大唐帝國。唐朝繼承北朝與隋的遺制，建立根據律令而來的中央集權體制，除使四鄰各國歸嚮外，也與中亞各國交通。於是世界各地的文化便經由絲路輸入首都長安，呈現空前的

繁榮。當唐朝強大的國力、井然有序的政治制度，及其繁榮情形，由那些留學生與留學僧傳回日本後，便刺激了朝廷的改革派人士。此外，唐與新羅合攻高句麗的事實，也使朝鮮半島的情勢陷於急迫，給日本帶來強大的威脅與壓力。為此，日本實有必要仿效唐與新羅，建立強大有力的中央統治體制。因此，改革派的中大兄皇子與中臣鎌足及自唐留學歸來的高向漢人玄理等人，乃謀打倒阻礙改革政治的蘇我氏。

此一謀議終於在皇極天皇四年（即大化元年，645）六月，利用朝鮮半島的高句麗、新羅、百濟三國使節在宮中覲見皇極天皇之際謀殺蘇我入鹿。結果，自蘇我稻目以來，經馬子、蝦夷、入鹿四代凡百餘年，曾經權傾一時的蘇我氏遂告滅亡。蘇我氏滅亡後，皇極天皇退位，皇叔輕皇子繼位，是為孝德天皇。孝德以中大兄皇子為太子，由太子掌握實權。大和朝廷以此一政治事件為契機，成立新政府後，大膽採用唐朝的典章制度，以從事大規模的政治改革，這種改革即所謂的大化革新。

同月十九日，孝德天皇、太子等在法興寺召集群臣，向天地神明發誓「君無二政，臣無二心，若違此言，天誅地滅」。此一盟誓最能表示革新的政治理念。同日，建元「大化」，唯此元號可能為後人所附加，因為日本之有欽定元號，尚須待至律令制度完成之時，即大寶元年（701）。

二、確立中央集權制

大化革新的目的在於確立以朝廷為中心的中央集權制國家，其理想則是隋、唐的律令制度。隋、唐的律令，猶如羅馬法典因羅馬帝國的武力推展至其周圍民族，也因隋、唐帝國的強大勢力為中國四鄰國家所移植。高句麗、新羅、百濟、渤海諸國如此，日本也不例外。相傳日本在天智天皇治世 (682–671) 編纂了《近江令》（施行期間 671–689），天武天皇（673–686 年在位）時編纂《飛鳥淨御原令》，持統天皇三年 (693) 施行令二十二卷，至大寶元年 (701) 編纂《大寶律令》（第

二年實施)，立法工作於是完成。旋於元正天皇養老二年 (718) 加以修訂成為《養老律令》，從奈良時代 (710-784 年) 中期開始實施。

　　從事政治改革時，首先廢除前此所設大臣、大連，改為左大臣、右大臣、內臣，並設國博士為政治顧問。內臣由中臣鎌足，國博士則由留學中國的高向漢人玄理、僧旻來擔任。為使人心一新，首都也自飛鳥遷徙至難波 (Naniwa，大阪) 的長柄豐崎 (Nagaratoyosaki)，且於 646 年頒布〈改新之詔〉，提示四個基本方針：

1. 廢除天皇與豪族私有土地與部民，歸朝廷管轄（公地公民制）。
2. 造戶籍與計帳，調查全國人口，並據此以實施班田收授❶。
3. 為統一全國稅制，定租庸調及其他之制度，以確立國家財政。
4. 在中央設神祇官與太政官之八省，地方則實施郡縣制度，以確立中央集權的官僚組織；同時整備交通，以謀政令的貫徹；實施全國皆兵制度，藉以增加朝廷威力，加強國防。

　　然革新政治並未否定豪族的存在，所以雖廢除私地、私民，卻給予食封❷與俸祿，並設官人制給予官職以取代原有的氏姓制度，以保障豪族們經濟的、社會的地位。

　　當時中央政府除設太政、神祇二官及中務、式部、治部、民部、兵部、刑部、大藏、宮內八省等二官八省制外，為監察官吏之不法行為而設彈正臺，及為衛戍宮

❶在律令體制下，將口分田（按人口分配的田）分配給達到某一年齡的人耕種，死後歸還政府。此一辦法以防田畝集中、民生安樂、確保國家稅收為目的。然在九世紀以後，因律令制度鬆懈而難於實施，於 902 年停辦。

❷食封，指定一定數目的戶，給予封戶所繳納大部分的租、庸、調的制度。

❸衛戍宮廷的五個衛府，即：衛門府、左衛士府、右衛士府、左兵衛府、右兵衛府。

❹律令體制下的地方行政區。以接近首都的大和、山城、河內、攝津、和泉五國為畿內，其他諸國分為東海、東山、北陸、山陰、山陽、南海、西海七道，並從首都開闢道路通往各道。國為行政區域。

❺職司管理九州諸國的行政、外交事務，及邊防的機構。

廷而設五衛府❸。並且將全國分為五畿七道❹，又再分為國、郡、里（後來改稱鄉），置國司、郡司、里長。國司由中央任命的職官赴任，依中央的指令行政。郡司與里長則由地方豪族與有勢力的農民來擔任。此外，在首都置京職，攝津置攝津職，外交、國防的重地九州則置大宰府❺等機構。

實施革新政治雖有過曲折，卻能夠逐步進展。齊明天皇（皇極天皇重祚）時，阿倍比羅夫以孝德天皇時所置越後（新潟縣）淳足柵 (Nutarinoki)、磐舟柵 (Iwafu-nenoki) 為據點，率領水軍平定了秋田、津輕方面的蝦夷 (Ezo)。

另一方面，當唐與新羅的聯合水軍攻滅百濟之際，日本雖遣阿倍比羅夫、阿曇比邏夫等率領大軍前往半島，欲謀光復百濟，卻於 662 年在白村江（錦江河口）為唐、新羅的聯軍所敗，日本自此完全撤出朝鮮半島。

三、革新政治的內容

天智天皇薨後，皇弟大海人皇子與皇子大友皇子因皇位繼承問題反目，於 672 年爆發壬申之亂。亂後，大海人皇子即位，是為天武天皇。經此亂後，大化革新以來的許多重臣因加入大友皇子的陣營而沒落，此後天皇的地位便大為提高。天武天皇薨後，皇后即位為持統天皇，她除實施《飛鳥淨御原令》外，復建造日本最初的長久性都城藤原京，以持統、文武二朝為中心持續了十五年。

革新政府的行政機關為法院，刑法有笞、杖、徒、流、死五種，其罪以冒犯天皇、國家、神社、尊長為最重。貴族犯法所受刑法較公民、賤民為輕。又有所謂謀

反、謀大逆、謀叛、惡逆、不道、大不敬、不孝、不義等八虐，如犯這些罪，則被認為是擾亂國家治安而不在大赦之列。

就學制方面而言，在中央設大學，地方設國學，以培養官吏。學生須經政府遴選，所修習的科目與教科書與中國相同，係模仿唐制。

田制採土地國有制度，仿唐朝的均田制度實施班田制度，根據戶籍每六年收授一次，不論良賤男女，凡六歲以上均由國家給予口分田，男給二段，女給一段一百二十步，賤民與良民同額，死後歸還國家。

稅制仿唐制採租、庸、調制度。租是田稅，佔收穫量的百分之三，庸為每年服十日的勞役，調則為繳絹、棉等地方特產。此外，尚有雜徭，每年為國司服六十日勞役，以及類似義倉的稅捐及出舉（suiko，強迫借貸）。出舉有公出舉與私出舉，私出舉的利息較重。

兵制採徵兵制，服役年齡為二十一歲至六十歲，以輪流方式至全國各地的兵團服常備役，武器、糧食自備。且從軍團的士兵中選出衛士至衛府擔任一年的衛戍工作。以三年為期，前往西南邊境當防人(sakimori)，從事邊防。

當時雖實施公民制，但良民與賤民之間有法制上的嚴格規定。良民除僧侶（屬貴族）外，又因其是否任官分為貴族、公民、品部、雜戶四種，賤民則分為官戶、陵戶、家人、公奴婢、私奴婢五種，最下級為私奴婢，受奴隸待遇。

四、白鳳文化

天武、持統、文武三朝是完成以天皇為中心的國家體制時期，宮廷充滿著生氣。當時，因派遣唐使至中國移植初唐燦爛的文化，所以在日本國內興起清新而充滿活力的文化，稱為白鳳文化。

這個時期的佛教也受到積極的保護，相繼建造大官大寺、藥師寺等規模宏大的官寺，並且開始書寫《一切經》（《大藏經》），及為善根而舉行放生會，講讀護國經典《金光明經》、《仁王經》，把《金光明經》分發到全國各地。

　　這個時期的文化也是以佛教為中心，其代表作在建築方面有藥師寺東塔，佛像的代表作則為藥師寺金堂的藥師三尊像、同寺東院堂的聖觀音像、興福寺的佛頭等，而藥師寺東塔水煙的飛天像也以傑作著稱於世。此一時期製作的佛像俱為金銅像，它們受到初唐的影響，反映充滿活力的時代而具豐滿之美。繪畫方面有法隆寺金堂的壁畫，傳達了印度中部阿陀石窟壁畫的式樣。至於高松塚古墳壁畫裏的人物像，則有與高句麗古墳的壁畫相通之處。

　　除佛教信仰外，有關日本固有信仰的神祇制度也從事整理，日本

圖 10：雕刻技巧之傳播　藥師寺東院堂的聖觀音像（左，高十八‧九公分），以受初唐雕刻的影響而著稱於世。相較於長安寶慶寺的十一面觀音像（右，700 年前後，高一百一十二公分），可發現散在肩膀的頭髮、胸部的首飾（瓔珞）、衣紋、結實而豐滿的軀體等，有其一致處。

固有的文學——和歌也在此一時期完成其格式，而文武、持統兩天皇及大津皇子、額田王、柿本人麻呂等人都曾留下膾炙人口的作品。

第二節　奈良時代之政治與天平文化

一、開拓疆土

當律令體制完備以後，元明天皇便計畫營造大規模的都城，乃於710年將首都遷往平城京（奈良）。並且從飛鳥地方把元興寺（原飛鳥寺）、藥師寺、大安寺（原大官大寺），及藤原氏的氏寺——興福寺等遷至新都城。因此，平城京便呈現瓦頂朱柱白壁的貴族宅第、宮殿與七堂伽藍的屋宇櫛比鱗次的空前盛況。此後七十餘年的時間 (710-784)，有七任的天皇定都於此，謂之奈良時代。

大和民族雖從四、五世紀前後開始向朝鮮半島與本州的東北發展，然當失去朝鮮半島以後，便以征服東北地方的原住民蝦夷為主要目標。大化革新以後，此一政策持續執行，而阿倍比羅夫曾於齊明天皇四年 (658)，從秋田能代地方向津輕、渡島前進，不僅使當地的蝦夷服屬，相傳也還遠征了肅慎。

南島的開發則因遣唐使迴避新羅航路而利用南方航路的結果，逐漸有了進展。九州南部的隼人 (Hayato) 也在 713 年前後大致歸順，九州南部各地的人們也在之後不久相繼向朝廷呈獻土產。

二、產業的發展

統治地區的擴大表示以農耕為主的經濟生活有了進展，當時的日本國民大都以班田農民的身分從事農耕，因此以班田農民為基礎的奈良政府對水利灌溉事業相當熱心，致力修築灌溉溝渠與堤防。在此一時期不斷引進中國優異的農耕技術，因而稻穀以外的農產品種類增加；鐵製農具普及，種植水稻採插秧方式，收穫時則從根部割取，更由於

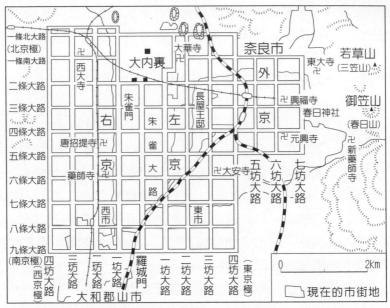

圖 11：平城京　模仿唐朝長安城營建而成的平城京，東西約四‧三
公里，南北約四‧八公里（長安城為東西約十公里，南北約八‧五
公里），長、寬每四町（約四百三十六公尺）開闢一條大路，每一
町（約一百零九公尺）開闢一條小路。以朱雀大路為中心，分為左
京與右京，而以東部為外京。北部中央的大內（宮城）有天皇居住
的內裏（大內），與處理政務的朝堂院及各政府機構。

耕地面積的擴大，可知當時的農業生產力已有相當的進展。養蠶業普
及的結果，雖亦生產絲織品，但產量不多，僅能供應宮廷貴族的需求
而已，一般民眾仍穿著以麻或楮的纖維織成的衣類。

　　當時全國各地金、銀、銅、鐵的開採事業較前發達，因中國工藝
技術東傳的結果，宮廷貴族與寺院的工業有了長足進步。宮廷有織部
司、漆部司等小工場，利用品部、雜戶的技術從事工業生產。他們的
產品雖可從正倉院與奈良各大佛教寺院所典藏的各種器具與珍寶瞭解
其端倪，不過那些物品係貴族們的奢侈品，與一般民眾無緣。民間依

舊利用農閒製作粗糙的日用雜貨，未能超出家庭手工業的範疇。因農業的進步與國司的獎勵，已有人以人力製造手工藝品來販售，所以在國衙所在地的國府、水陸交通的要衝，以及寺院門前便開始有了市場；尤其奈良因全國各地的貢賦都集中於此，而貴族與僧侶們所需物品亦多，因此設東西市，商業交易頗盛。

奈良政府為使其律令的統治體制擴及全國各地，乃整備以首都為起點的七道官道，並每隔約十六公里設一驛家，置驛馬，俾便政府官員的往來與住宿，同時又在各驛置二町至四町的驛田，以其收入作為各驛家的經費。由於官道的整備，地方上的開發也有了進展，東北地方於 712 年（和銅五年）置出羽國，同一時期也修築了多賀城與秋田城，且於多賀城設鎮守府。西南地方則於 713 年置大隅國，平定隼人，現今琉球各島也開始與日本來往。

隨著交易的發達，就有了貨幣的需求。大化革新以後，已有仿唐制鑄造貨幣的趨勢，在天武天皇治世 (672–686) 前後已有開始鑄造的跡象；於 708 年（和銅元年）正式發行日本最早的貨幣「和銅開珎」。此一鑄造事業持續至延喜年間 (901–923)，前後共鑄造、發行十二次，謂之「皇朝十二錢」。然因當時尚處於自給自足的階段，故此貨幣僅流通於以東西市為中心的畿內。政府雖發布〈蓄錢敘位令〉獎勵使用貨幣，但成效不彰。

三、佛教興隆

平城京的營造雖表示了律令國家的繁榮，然在另一方面，為造都而動員許多農民，且因稅賦的重擔與天災的襲擊等，使社會陷於不安。又由於政府高層的政爭不絕，致律令國家動搖不已。制訂律令有功的藤原不比等死後，其四個兒子在朝中頗為得勢，於 729 年（天平元年）聖武天皇時，迫使皇族中有勢力的長屋王自殺（長屋王之變），使不比等之女光明子為臣民出身的第一個皇后（光明皇后）。然在八年後全國流行天花，結果不比等的四個兒子相繼死亡，使藤原氏一時衰落，皇

族出身的橘諸兄，起用自唐留學回國的吉備真備、僧玄昉等人主導政治。藤原廣嗣以此感到不滿，乃於 740 年（天平十二年），以除吉備等人名義，在九州舉兵而敗死（藤原廣嗣之亂）。由於此一叛亂，使中央政府發生動搖，致聖武天皇輾轉遷都於山背（即山城，京督府）的恭仁、攝津（大阪府、兵庫縣）的難波，及近江（滋賀縣）的紫香樂。在此情形之下，因一再遷都而來的營造工程，致人心發生動搖，加之疾病與天災不斷發生，農民因生活困苦而到處流浪、逃亡，更使社會動盪不安。

聖武天皇擬以佛教的功德祛除災害，以保國家的平安，乃於 741 年（天平十三年）頒布〈國分寺之詔〉，於諸國興建國分寺與國分尼寺，兩年後則頒〈造毗盧舍那佛之詔〉，著手鑄造大佛於東大寺，經八次接鑄以後，於 749 年（天平勝寶元年）完成，752 年在孝謙天皇蒞臨下舉行盛大的開眼供養典禮。

聖武天皇薨後，藤原仲麻呂因光明皇后而得勢，橘諸兄之子奈良麻呂因此感到不滿，乃與大伴氏、佐伯氏等舊世家企圖謀反而被發覺、斬殺（橘奈良麻呂之亂）。繼則華裔僧侶道鏡受孝謙天皇的寵愛而得勢。藤原仲麻呂因討伐道鏡而豎起叛旗，但孝謙先發制人，在近江一舉加以捕殺（藤原仲麻呂之亂，764）。仲麻呂被殺後，孝謙於同年十月復辟，是為稱德天皇。稱德重祚之前，道鏡已被封為「大臣禪師」，765 年升為太政大臣禪師，未及一年，更被封為「法王」。道鏡被封為「法王」後，登用其族人及心腹的僧侶為高官而權傾一時。孝謙雖有意將皇位讓與道鏡，卻為藤原百川、和氣清麻呂等人所阻，最後道鏡因孝謙薨而失位，於 772 年抑鬱而亡。

四、班田制的破壞

當時雖實施班田制度，然因農民逃亡，致口分田荒蕪，復由於人口增加，所需口分田便發生不夠分配的現象。因此，政府乃於 722 年（養老六年）計畫開墾新田百萬町，以彌補口分田的不足，但沒有成

功。故於翌年發布《三世一身法》，凡在開墾田畝時新築溝渠等灌溉設施者，除本人外，子、孫、曾孫三代均可免租稅，利用舊有灌溉設施者則只有開墾者本身可免租。墾田固為輸租的一種，開墾之初因可免稅而頗具吸引力，然在期限過後，其田卻須歸公，所以便逐漸失去魅力。故乃於 743 年（天平十五年）發布《墾田永世私財法》，允許所有新開墾的田畝可以永久私有。結果，政府本身破壞了土地公有的大原則。於是擁有眾多勞力的貴族與寺院便爭相開墾田畝，且將自己所開墾的土地納入其不輸租田之中，農民也因重賦而逃入私有地，從而產生日後的莊園。於是以土地公有制度為基礎的律令國家，竟從土地制度上開始崩潰。

五、天平文化

　　雖然當時的國內情形如此不安，卻仍為吸收、引進中國文化而持續差派遣唐使，同時也派留學生與留學僧至中國留學。遣唐船每次四艘，每船約一百二十人，航路則因日本與朝鮮半島諸國之間的關係好壞而有北路、南島路、南路（大洋路）、渤海路。那些留學生中，以吉備真備、阿倍仲麻呂（唐名朝衡）為最著，僧侶則有玄昉名留千古。阿倍仲麻呂曾仕於唐，與李白等有交往。另一方面，揚州大明寺僧侶鑑真則受日僧榮睿等之聘，歷經千辛萬苦後抵日，成為日本律宗的始祖。

　　當時的佛教有三論、成實、法相、俱舍、華嚴、律等六個宗派，謂之南都六宗，不過這些宗派與後世的宗派不同，他們係以從事佛教教義的學問研究為主。又，此一時期的佛教因受聖武天皇等人的保護而愈益興隆，官立寺院如東大寺等相繼竣工。唐僧鑑真則興建東大寺戒壇院與唐招提寺，對日本佛教的影響至深且遠。

　　由於差派遣唐使吸收中國文化，及實施律令制度而使國力較前充實，因而產生了相當華麗的文化，這種文化以平城京為中心而發達。此一時代的文化稱為天平文化，它是受到盛唐文化的影響而富於國際

色彩，佛教文化的色彩也相當濃厚。

隨著佛教的興隆，造寺、造佛事業發達，建築多雄大壯麗，如東大寺法華堂、唐招提寺金堂等，即為當時的代表性遺跡。佛像則除原來之銅像、木像外，又有乾漆像與雕像。

就史書方面，於 712 年根據舊聞編修《古事記》，八年後完成《日本書紀》。同時又有記述各地風土、傳說、物產的《風土記》問世。文學方面則山部赤人、山上憶良、大伴旅人、大伴家持等歌人活躍，而於八世紀末編輯《萬葉集》，收錄約四千五百首的歌（即詩歌）。漢詩方面則有淡海三船、石上宅嗣等詩人著稱於世，編輯了近江朝以來的漢詩集《懷風藻》。

第三節　平安初期與弘仁・貞觀文化

一、桓武新政

稱德天皇薨後，白壁皇子繼位，是為光仁天皇。光仁天皇一改過去佛教主義的政治，為重建因鑄造毗盧舍那佛而急速惡化的國家財政，乃採緊縮財政政策而頗有治績，呈現轉入新時代的徵兆。光仁薨後由太子山部皇子繼位為桓武天皇。桓武為祛除積弊，因應新情勢而斷然從事改革，遂有意使政治中心遠離積弊之地奈良。初時雖以山城國的長岡為新都，由藤原種繼負責營造，卻因種繼為反對派的大伴繼人射殺，致營造工程中斷。794 年（延曆十三年）聽從和氣清麻呂的建議，將首都遷至愛宕郡與葛野郡的宇太（京都），並獲東渡「漢人」的資助與獻地，將其國名山背改為山城，模仿唐都長安城來規劃，採左右兩京、九條八坊之制，是為平安京。然因地區過大，所以人們都集中於地勢較佳的左京。

桓武天皇除經營新都外，也從事改革政治。政治改革的第一步，就是革新地方政治，為嚴格監察國司的交接工作而設勘解由使

(kageyushi)❻，即其一例。在奈良時代末期曾一度鬆懈的蝦夷地方之經營，也再度著手進行，使坂上田村麻呂等人負責鎮撫、教化。結果，頑強的蝦夷也終於服屬中央，對於東北地方的開拓事業有很大的進展。雖然如此，政府的財政卻依然未獲改善，歲收年復一年的減少，因此，桓武天皇至其晚年便暫時停止宮殿的營建工程。此後，賜姓給許多皇族，使他們降格為庶民，這就是桓武平氏、清和源氏的起源。與之同時，又廢除徵兵制，改為招募地方之郡司子弟充當兵員的「健兒制」，這表示律令制度已經破壞。之後，仍繼續從事各種改革，增加了許多律令規定外的官員——令外之官 (ryōgenokan)。首先就是在嵯峨天皇的治世 (809–823)，為維護事務的靈活與保密而設「藏人」(kurōdo，後來成為藏人所)，繼則為維護首都的治安而置「檢非違使」(kehiishi)，更將前此隨時制訂的「格」(kyaku) 與「式」❼，編修成為弘仁、貞觀、延喜三代格式。雖然如此，這些改革在班田制度崩潰之前也無法力挽狂瀾。

二、藤原氏得勢

　　從遷都平安京的前後開始，藤原氏的勢力便逐漸強大，鞏固其在中央政府的地位。前此該氏在不比等去世後其四子便分為南家（武智麻呂）、北家（房前）、式家（宇合）、京家（麻呂），而北家的冬嗣因獲天皇信任，擔任藏人所的首長——藏人頭，因而與皇室之間的姻親關係愈益密切，於是開始明目張膽地排斥其他氏族，右大臣菅原道真即因受其排斥被貶至大宰府，這種排斥因安和之變而結束，此後約有百年時間為藤原氏的全盛時代。雖然如此，藤原氏內部卻因爭領導地位而相互傾軋，

❻始於平安時代初期律令制度外的官，國司移交時擔任監交工作。

❼格、式，都是補充、替代律令的法典。格係補充條文，式為施行細則。

父子、兄弟、叔姪彼此將其女送入宮中，欲使其所生之子為太子而抗爭不已。這種爭鬥終由藤原道長一門獲勝，進入道長全盛的時代。

藤原氏為保持自己在政治上的獨佔性優勢，乃特設「氏長者」（族長）領導藤原氏一門。此「氏長者」不只是榮譽職位，還擁有許多經濟特權，例如享有藤原氏的世襲財產——四個莊園的收益，與奉祀祖神的春日神社、家祠興福寺；或鹿島、香取神宮等政治、經濟的管理權，以及散布於各地的藤原氏所擁有土地的權益等。藤原氏之所以能夠崛起，固由於身為律令官僚而獲國家給予的鉅額俸祿，但隨著該氏權勢擴大所帶來各地捐獻的莊園，不僅使該氏一門更加富裕繁榮，而且也因此成為該氏內訌日益激烈的重要因素。

三、弘仁・貞觀文化

平安時代初期的農業仍以種植水稻為主，以鐮刀來收割。在種植蔬菜方面，已能利用牛隻來翻土、整地，及採用秧苗移植法，更能利用堆肥，並已知驅除蟲害。漁業方面則能夠利用釣具、網具、筌等，亦有利用魚鷹捕魚者。隨著海產物品的增加，其產品在市場上的流通範圍也隨之擴大。至於製鹽業也隨著奈良、平安時代莊園制度的開展而為權門貴族所掌握。鹽雖須隨庸、調繳納政府，但因是日常生活所必需，較魚類重要，而成為商品，流通範圍較其他物資更廣大，除奈良、京都外，各交通要衝或寺院前，及各國府等所設市場亦有交易，而行商們也可能販售這類物品。

就文化方面而言，此一時期產生了新氣象。由於當時的政治重視儒教的德治主義，結果受唐文化的影響較前更為強烈，尤其因重視漢詩文而促成漢文學的發達。並且因新佛教宗派天台宗、真言宗的東傳，故密教❽頗為興盛。通常將這個時代的文化稱為「弘仁・貞觀文化」。

隋、唐文化東傳之初，日本人士所接受者大抵為其外表，唐式文化真正滲入日本人的精神，乃是弘仁以後之事。嵯峨天皇本身酷愛中國文化，他不僅是漢詩文的大家，也是書法名人。因此，他非但把宮

殿諸門之名改為唐式，而且宮中應對進退之禮也模仿唐朝。當時在「文章經國之大業」的政治思想之下，製作漢詩、漢文的風氣昂揚，除嵯峨天皇外，又有釋空海、小野篁、都良香、菅原道真等文人、學者輩出，他們多以文章之道名揚於世而獲登用，實際參與政治工作。

平安初期的文化至九世紀時，便以嵯峨天皇的宮廷為中心而形成。淳和、仁明兩朝繼其餘緒而開花結果。初時，嵯峨與其弟淳和、良岑安世、藤原冬嗣等愛好漢文學之士，成為製作漢詩賦的中心，帝王與其臣下相互唱和獻詩，成為文化特色之一。他們努力作詩的結果，在短短十餘年間有敕撰漢詩集《凌雲集》(814)、《文華秀麗集》(818)、《經國集》(827) 的相繼問世。

此外，春澄善繩、藤原佐世、紀長谷雄等人亦值得注目。菅原道真的《菅家詩草》、《菅家後集》，乃由中國語所具有的抑揚頓挫，與日本語優美纖細的情緒融合；紀長谷雄的作品則頗得白居易的精髓，菅原、紀兩人的作品均流行於唐朝。

在書法方面有嵯峨天皇、釋空海、橘逸勢，此三人在後世被稱為「三筆」，他們不僅已體會唐人風格，而且創出與前此不同的風味。當學問與漢文學發展以後，作為發展基礎的漢籍典藏便受到注意，最能證明這點的，就是釋昌住所撰辭書《新撰字鏡》、滋野真主所著類書《秘府論》，及在九世紀九○年代前後完成，收錄一萬六千七百九十部，共一萬六千卷的敕撰目錄書《日本國見在目錄》一卷。此書收錄新舊《唐書》〈藝文志〉所見，及在中國已佚亡者。

就佛教方面，與南都六宗相對的，是最澄從中國移植天台宗，於京都比叡山開創延曆寺；空海則東傳真言

❽亦稱秘密教、瑜伽教。佛教流派之一，與顯教相對的稱呼。以《大日經》、《金剛頂經》為根本聖典，口唱真言，手結印契，以為把心置於佛之領悟的三摩地，即可因佛之身、口、意三密與修行者之三密加持感應而即身成佛，可獲現世利益。此一教派在七世紀後半起於印度，然後傳至中國。日本則由空海（804 年赴唐，806 年回國）東傳而日本化，成為真言宗。

宗，於高野山開創金剛峰寺，及在京都興建教王護國寺
（東寺），以弘揚他們新傳的佛教。此一時期的佛像製
作已與前此塑像、乾漆像不同，多採單根木頭來雕刻，
衣服也採翻波式雕法。建築以室生寺金堂、五重塔，繪
畫以園城寺的不動明王像、神護寺的兩界曼荼羅❾著
稱；雕刻則可以室生寺的諸佛像，觀心寺的如意輪觀音
像，神護寺的藥師如來像為代表作。

❾梵　語 Mandala
的音譯，也寫作曼
陀羅。在印度，係
指構築祭典用土
壇，將諸佛配置壇
上。中、日兩國則
為修密教而根據
一定方式把許多
佛像整然有序的
畫下來。

圖 12：室生寺彌勒堂釋迦
如來像　此佛像以翻波式
衣紋最發達而著稱於世，從
肩部至腹部、膝部，像流動
著似的刻著很深的衣紋，這
種刻法表現出它的獨特效
果。高一百零五公分。

第四章
貴族政治與國風文化

第一節　攝關政治與國風文化的形成

一、攝關政治

　　奈良時代至平安時代初期，日本吸收、移植中國文化的主要途徑為遣唐使。然至 894 年被任命為遣唐大使的菅原道真，以經費的籌措困難，及唐已無值得學習之處為理由，建議停派遣唐使，他的意見被採納以後，日本人前往中國的人數雖較前減少許多，但大陸文化仍經由中國船隻源源不斷地傳到日本。從此一時期前後開始，逐漸塑造出日本獨特的文化。另一方面，律令國家的根本——公地公民制——因頒布《墾田永世私財法》而愈益難於維持，更由於皇室與貴族擁有大土地而促使莊園發達，在地方上則有田堵❶成長為地主；中央政府在人們仍沉浸於「文章經國」的思想之際，藤原氏已在進行其現實的政權獨佔，致藤原氏以外的人士難以在中

❶在十、十一世紀前後承包耕種莊園地主的田地者。

央政府擔任文官要職。而擔任軍職的貴族前往地方，並在地方上落地生根的，其子孫便成為「武士之棟樑」。

　　在光仁、桓武兩天皇的治世 (770–806)，藤原氏的氏家在中央政府得勢而興盛，然在 810 年因引發藥子之變❷而沒落後，首任藏人頭的北家之藤原冬嗣便乘機崛起。當年幼的清和天皇於 858 年即位時，冬嗣之子良房即以外祖父身分擔任身為人臣的第一個攝政；良房的養子（良房胞兄之子）基經則於光孝天皇即位之際，成為首任關白。自此以後，日本實施了一段時間的關白政治。

　　所謂攝關政治，就是在天皇年幼時代替天皇總攬萬機之政；關白就是天皇長大成人後，在天皇批閱眾臣所上奏疏之前，先予審閱，然後簽注意見呈上御覽之意。然在延喜 (901–923)、天曆 (947–957) 年間並無攝政與關白，其成為常設職位而為藤原氏所獨佔，乃此後之事。當時將攝政與關白處理家務的地方稱為「政所」(man-dokoro)，唯至攝政與關白實際掌握政治大權時，卻在「政所」商議重要政務，朝廷反而成為講究儀禮的地方。

　　藤原基經死後，攝關政治曾中斷一時 (981–929)，宇多天皇即位後，菅原道真因學問淵博獲賞識，被擢為右大臣，卻因左大臣藤原時平的讒言而被貶為大宰府權帥，終於抑鬱而死。村上天皇在藤原忠平（時平之弟）死 (949) 後，不復設關白之職而自理萬機，並致力整頓律令體制，禁止奢侈，節減經費，謂之「天曆之治」。村上天皇薨後，藤原實賴擔任關白，於冷泉天皇即位之前急遽擁立守平皇子為太子。源高明為左大臣，實賴胞弟師尹為右大臣。兩年後的安和二年，源滿仲告發藤原千晴等人為擁立為平親王為太子（其母為源高明之女）而有意謀反。結果，千晴被流放，高明則以關係人被貶

❷藤原種繼之女藥子與其兄仲成，為復昔日權勢，企圖推舉平城天皇復辟所引起的政變。結果，平城出家，仲成被射殺，藥子服毒而亡。

為大宰府權帥，是為安和之變。此一事變乃藤原氏為確保其外戚勢力而排除他氏的疑案。安和之變以後，均立藤原氏北家之女所生皇子為天皇，藤原氏因而得以左右政治，所以此一時期也稱為藤原時代。

二、藤原氏的繁榮

在攝關政治尚未確立的九世紀末至十世紀，曾有一段時間未置攝政與關白而由天皇親政。當時，曾為重建律令制度而付出不少心血，即：醍醐天皇於 902 年（延喜二年）下令禁止天皇家及貴族、寺院兼併土地——《莊園整理令》，而村上天皇也勵精圖治，因此，後世稱此兩天皇親政的時期為延喜、天曆之治，奉為公卿政治的典範。然在現實上，律令體制根基的班田制已經崩潰，莊園急速增加，因此從醍醐天皇時被任命為左大臣的藤原時平晚年起，至藤原忠平在朱雀天皇時擔任攝政、關白期間，地方政治竟委由國司來治理——「成功」❸。但也有人在京都而貪求其利，派遣自己心腹為「目代」（mokudai，職稱）前往任所，這成為一般風氣而謂之遙任。

❸ jiōgō，亦稱「功」。平安中期以來，將官職授與捐獻財務給朝廷者之鬻官制度。

當班田制度與國司制度式微之際，莊園的發達與地方豪族的崛起日漸顯著。從九世紀末至十世紀初，在關東曾經發生俘馬黨的武裝暴動，致將貢租運往京師的工作幾乎陷於停頓。至於在各任職處所落地生根的國司（職稱，律令體制下的地方官員）之成為武士的，也因羽翼已豐，而於十世紀三〇年代，公然以武力背叛朝廷。其一是平將門之亂 (935–940)，其二則為藤原純友之亂 (939–941)，他們雖都被平定，卻表示武人的勢力已強大到可以威脅國家安全的地步。

藤原氏在十一世紀前半，於道長與其子賴通時，其權勢達到了巔峰，進入極盛時代。道長將四個女兒送入宮中為皇后或太子妃，故其權勢無與倫比。賴通則於其姪後一條（1016-1036 在位）、後朱雀（1036-1045 在位）、後冷泉（1045-1068 在位）三天皇在位的五十年時間，以外戚身分獨佔了攝政與關白之職。因藤原氏長久獨佔政權的結果，政治呈現濃厚的私家色彩，政治的內容也因而形成只重視先例的形式。在此情形之下，當女真族於 1019 年（寬仁三年）襲擊九州北部時（刀伊入寇），公卿貴族便驚慌失措，唯有求神拜佛以求平安而已。

平安初期的外交和前一時代一樣，與唐及新羅、渤海諸國有來往，不過此一時期赴唐的日本人士逐漸減少，而新羅商人將中國產品轉運日本者增多，繼則唐商渡日者亦日增，他們抵日後，在大宰府的鴻臚館與政府官員從事交易。後來前往大宰府以外港埠的商船增多，因此，民間貿易日盛。與此相對的，政府因財政困窘，無法籌措龐大的經費來經辦貿易船隻，復由於對航海危險性高的唐日貿易缺乏積極性，故在平安時代差派的遣唐使僅有兩次而已。

唐在安史之亂以後，由於均田制崩潰而國家財政困窘，終於 907 年為朱全忠所滅，進入了五代。960 年五代滅亡，趙匡胤建立了宋帝國。宋朝的船隻仍與前朝一樣，與日本有來往。據日本史乘的記載，在北宋時代前往日本的中國船隻多達七十餘次。攝關時代的日本對中國的態度雖相當消極，然當進入院政❹時代，隨著中央政府與大宰府貿易統制的鬆懈，莊園地主與宋商之間便開始從事直接交易，更有大宰府與西陲的豪商積極投身

❹上皇或法皇（皈依佛教的上皇）在院廳施政的政治型態。

於海外貿易的情形。

三、日式文化的產生

日本營造平安京時，是以左右對稱為美的象徵，然在平安時代，卻發生變化，前一時代的左右對稱之美，在此時以左右相競的破格為尚。奈良時代，以唐朝的一切為規範，然在平安時代，此文化母國已因內亂而式微，故除最澄與空海將天台宗與真言宗輸入外，彼此之間的往來也沒有過去那麼熱絡。所以上述平安初期漢詩集《凌雲集》、《文華秀麗集》、《經國集》的編輯，實存在著對盛唐的懷念之情，在現實上則僅能從訪日的渤海國人士中找尋唐人的身影。在此情形之下，從其將平安京的左右兩京分別稱為洛陽城、長安城，及擬將此兩京的條坊更改為唐名的構想，實直率地說明了這一點。此時，曾留學中國的釋永忠把喫茶習慣移植到日本，而日本人士這種中華意識的昂揚，實給日式文化的形成帶來發展的契機。

如同和歌❺選集取代漢詩，文化已開始從一味模仿逐漸轉變為「和式」。就以花而言，也已從好尚中國之梅轉變為日本人所喜愛的櫻。在祭祀神祇等儀式所舉行的饗宴，也喜用與往日不同的方式。故其競技也不復採用左右對稱，而以相競方式為尚。就文藝方面，九世紀時已出現假名文字（漢字為真名 mana），因易於表達日語和日本人的心情，故以假名書寫的文藝作品取代漢詩文而日益興盛。至九世紀後半，出現了在原業平、小野小町等名家而激起和歌復興的機運，而在宮廷舉辦「歌合」❻，而和歌便成為宮廷社交生活不可或缺的部分，在此情形下，終於有紀貫之編輯的《古今和歌集》問世。

❺日本韻文之一，其句型為五、七、五、七、七，共五句，三十一字。

❻將歌人分為左右兩組，依題各賦一首，然後由「判者」──評論人評其優劣，以決定其勝負的文學遊戲。

❼平安時代貴族宅第的形式。稱為「寢殿」的正殿位於中央而面南，正殿之東西側與北側築「對屋」，以名為渡殿的渡廊來聯絡面臨前方中庭池塘旁之鈞殿與前殿，並在其間設門出入。這種建築的屋頂不用瓦而用檜木板，地上則鋪木板而到處放置榻榻米以為坐處。大臣以上人家宅第的正門為四腳門，大臣以下為棟門（棟別門）。這種建築模式因身分高低之不同而有繁簡之別。

隨著和歌創作的興隆，以假名書寫的「物語」、日記風格的作品、隨筆也相繼出現，如《竹取物語》、《伊勢物語》、《土佐日記》、《源氏物語》、《枕草子》等，形成日本文學史上的黃金時代。

在建築方面，原木素色與檜皮屋頂的房子取代以往朱紅、瓦頂的大陸模式，貴族的住宅也產生「寢殿造」❼，與採取自然景觀的庭園相互調和，而具有日本的風格。室內裝飾則由日本風味濃厚的「大和繪」取代往日的「唐繪」，將日本四季的景色或名勝繪於紙門；擺飾物品則多用漆工藝品。服飾也由唐裝改為日本式的直衣、狩衣等。

佛教藝術方面則隨著淨土信仰的普及，為將極樂淨土顯現於人間而興建阿彌陀堂，並在堂內繪畫《阿彌陀來迎圖》，及供奉金璧輝煌的阿彌陀如來像，我們可從京都日野法界寺的阿彌陀堂一睹其風貌。此一時期的佛像雕刻是「拼木造」（寄木造）取代往日的單木造，擺脫大陸手法而完成優美的日本模式。

圖13：單木造佛像(一)　如來佛像與內剜除兩手腕是用接的以外，本體與蓮肉都是以單根木頭雕刻而成。背面以長形方式挖進去①，內部所挖的部分稍大些。從其斷面②可知，尚留有相當的厚度，而剜去的地方呈現圓形。背部原以木板覆蓋著，如今則木板已不存在。高一百六十五‧五公分。（奈良縣元興寺典藏）

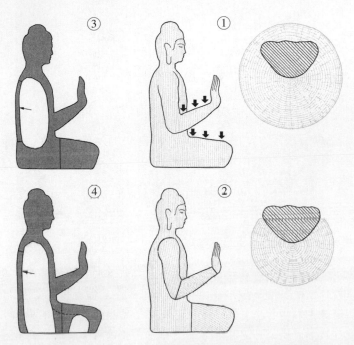

圖14：單木造佛像(二)　上：如果拿掉木芯來製作至膝部的單木像，就需要這麼大的木材。下：如果要用別的木材來製作膝部，則即使拿掉木芯，也可用小一圈的木材製作。①如果從頭至手指、膝蓋都用單根木頭來製作，像的中心、胴體都要用縱目材料，則彎曲的手臂與膝蓋，對於長邊便形成近於直角的目紋，所以結構就會顯得脆弱。②因此，身體各部分的木材長度，最好能夠利用縱目紋，如此則自肩部至肘，從肘至手腕，由手到膝蓋，就須利用不同根的木材。③要防像的中心部分與外側的乾燥度差異，並為減少像的重量，需挖空內部。此係從背部去挖的背挖，背挖後需要蓋上木板。④大都從像底入鑿，使之與背挖聯結的製作方式較多。有時也有從膝部挖空木頭內部，這就像點線在聯結著。

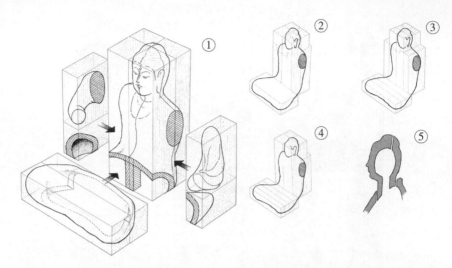

圖15：拼木造佛像　①在此表示以拼木製作佛像時，構成佛像主要部分的木材，圖①為其基本的部分，圖②至④則可說是它的變種或變化。在①裏，頭部由前後左右四材來製作，可說是田字形結構。在頭部下面加上兩肩與膝蓋，如果形體較大者，膝蓋部分大都以前後兩材來組成，而脖子後面是使用另一塊木頭（參看②－④）。因拼木造佛像係將木材削薄，所以為支撐其重量而把腹部下方的木材垂直延伸到基部，或者只留中央部分而採束立形式。此示意圖係表示其基本結構，實際上是用更細小的不木料來填補。②雖同為田字形結構，但①所沒有的部分是前面部分的頭部與體部割開。如係形體小者，有時候是以單根木材來做。③是否可說為キ字形？前後材料之間以左右二材，是三明治的形狀，可用較①、②為細的木材來做。④田字形，膝蓋部分細分為四段的例子。⑤割開的頭部的斷面圖，表示在脖子下端附近鑿成分開的樣子。

第二節　莊園的發達與武士的崛起

一、莊園的發達

　　由於皇室、貴族、寺院與地方豪族相互勾結，莊園擴及於全國。

初期的莊園，其實際從事開墾的，第一是集中於貴族、寺院手裏的奴婢。為提高農業生產力，便解除他們奴婢的身分，並給予最低限度的房子與農具，使之落地生根，獨力耕種領主的土地。第二為無法承受苛刻的雜徭與償還因「出舉」而負債的農民們，也流浪到負擔較輕的莊園從事開墾工作。第三則是居住於莊園附近的班田農民，也以隨時賃租的契約方式被利用。所謂賃租，就是以一年為期的佃耕土地借貸。

初期莊園的規模大都很大，直接經營者佔多數。政府也使公民（自由民）耕作公營田。然當農業生產力提高以後，居住於莊園或公有田地的農民也開始擁有以自己力量獲得的墾田（百姓治田，百姓即農民）。其冠上所有者之名的農民保有地謂之「名田」(miyōden)。名田 (miyōshiu) 由公有地開始，然後擴及於各地莊園。初時，稱其逐漸地主化的農民為「田堵」，後來則通稱為「名主」。

迄至九世紀，當田堵、名主階層廣泛成長以後，貴族與寺院乃利用地方土豪的當地勢力，動員田堵、名主從事間接經營。這種莊園謂之墾田系莊園。在莊園內外致力開墾土地的豪族一方面壓抑正在成長的名主階層，另一方面則與中央的權門勢家相互勾結，以防國司的侵佔，及逃避稅賦與其他各種公家規定的負擔。他們所採取的手段有二：其一是保留自己的所有權，尊權門勢家為「本所」或「領所」（三位以上叫本家、領所），這類莊園謂之寄進地系莊園；其二則是捐贈名義上的領主權而自為莊官，將莊園的部分收入捐給權門勢家。貴族與寺院又假藉各種理由來獲得「不輸、不入」的特權，致莊園的私有地性格越來越強。所謂「不輸」，就是可以免除向政府繳稅的特權。莊園原有繳納租稅的義務，卻因有勢力的貴族與寺院利用他們的地位，在種種口實之下，申請其莊園的免租。對於具有「不輸」特權的莊園，國衙的官員原無需為徵稅或檢查田畝而進入，但這種特權被擴大到連檢非違使等警察力量也可以拒絕。當時有勢力的貴族與寺院之所以擁有廣闊的莊園，乃由於欲藉其絕大權勢的地方上地主捐獻的結果。

在上述情形之下，到十世紀的寬平 (889–898)、延喜 (901–923) 前

後，莊園遍及全國各地，伊賀國（三重縣）的四郡十七鄉中，竟有三分之二屬於寺社、權門的「不輸、不入」的莊園。由於全國各地都有類似問題，遂引起國家歲收大量減少，經費嚴重不足的問題。為此，政府雖曾下令禁設新莊園，或將所有權不清楚——官省符不清楚的莊園歸公而致力整頓莊園，卻無法力挽狂瀾。

國衙與莊園地主係以名田為單位來課徵繳納政府的物品或雜役，名主則接受他們的委任徵稅。國司往往向公有的名田課徵官方所需物品與雜役，藉以增加收入，唯在十二世紀以後，其所課徵的項目又多了一個「公事」❽。公有土地也因國司與在廳官人（在國衙實際執行任務的官員）等而逐漸變為私有，致與莊園無甚差別，所以就將這種土地稱為「國衙領」，而這種以莊園和國衙領所構成的土地制度謂之莊園公領制。

❽屬於庸、調、雜徭系統的稅賦，可分為繳納物產與服勞役（夫役）等，因其種類繁多，所以也稱為「萬雜公事」。

二、武士的產生

自古以來，對於武士的產生有種種說法，其一是自古以來的門閥世家，其二是從中央遷居到地方的貴族，其三則為在任所落地生根的國司子孫。有勢力的武士產生的由來或許如此，然就如前文所說，隨著在公有土地莊園內部的農業發達，許多擁有廣大面積土地的田堵、名主階層逐漸成長。尤其是有財勢的土豪為保護自己的土地，乃將武器交與自己子弟與隸屬自己的人——「下人」(genin) 及「所從」(shiojiu)——隸屬民，使他們學習武藝，並將他們置於田堵、名主的指揮之下，以集結武力。這種武裝與組織隨著時間的流逝，便逐漸成為常備，這就是武士產生的由來。

武士產生後，國司登用他們為國府的在廳官人，莊

園地主也為維護莊園內部的秩序，及防範外來的侵略，乃將武士召集於中央，使他們擔任如武者、舍人 (toneri)、雜色 (zōshiki) 等警衛、值班的工作，因這類工作帶有軍事、警察性質，所以也稱為「兵士役」。

在上述情形之下，莊官或地主因對領主的兵士役負擔及為統制現地，乃逐漸給這些人員以武士的要素，除使他們負責莊園或公領內的軍事、警察任務外，也擬藉他們的力量來擴大自己的土地。與之同時，他們也企圖反抗沒有武力的「本家」或「領家」以求獨立，然在本家或領家支配權強大時則完全隸屬於領主，各分散於該莊園與公有領地，將這種莊園公有領地內的武士加以統合組織，使之成為一方勢力的，就是源氏、平氏、藤原氏等上級武士，這些上級武士稱為「武士之棟樑」。

成為這種上級武士的，就是在中央不得志而前往地方，成為國司或其他地方官者，或其子孫在當地落地生根者；下層武士則除捐贈莊園外，同時也成為上級武士的「家子」(ienoko)、「郎等」(rōtō) 或「家

圖16：押領使藤原秀鄉等人進京（部分） 所謂押領使，就是負責平定地方上的叛亂或緝捕盜賊的官員（設於平安時代）。此係藤原秀鄉於平定平將門之亂後，凱旋京都的行列。路邊有穿著各種各樣的衣服的民眾在觀看。以旗幟為前行進的武士們都穿著鎧甲。

人」(kenin)。因當時在純樸的地方上有崇拜門第之風，故國司與當地豪族之女通婚者多，其子孫在當地定居者亦不少。於是從中央至地方的貴族便將地方公有地或莊園的豪族置於自己支配之下，以之為「家子」、「郎等」，進而擔任地方上的警察任務。中央政府則授予他們追捕使、押領使，或地方檢非違使等官職，使他們維持治安。於是那些武士的勢力便日漸茁壯，至十世紀三〇年代已強大到如前文所說，可以公然以武力反叛朝廷的地步（平將門之亂、藤原純友之亂）。

平將門之亂與藤原純友之亂以後，藤原秀鄉與源經基的勢力頗盛，尤其經基之子滿仲富於政治的手腕，與藤原氏的中心勢力結合在一起，奠定日後清和源氏（清和天皇之後裔）隆盛的基礎。滿仲以攝津之多田莊為根據地，其長子賴光以後稱為攝津源氏。賴光之弟賴信，賴信之子賴義，孫義家則相繼為河內守（職稱），以河內（大阪府）為根據地，稱河內源氏。

賴信奉敕平定下總（千葉縣、茨城縣）、上總（千葉縣）的平忠常之亂（平安中期）以後，便取代平氏而開始在東國扶植其勢力。然至十一世紀中葉時，因奧羽的豪族安倍氏有反抗當地職官之勢，故賴信之子賴義及其孫義家乃率軍征討（前九年之役）；然因參與討伐安倍氏的出羽地方豪族清原氏發生內訌，義家乃援助其族人藤原清衡，討伐清原氏（後三年之役）。由於在此兩戰役裏，東國的將士們與義家甘苦與共，故兩者之間的關係愈益緊密。在此情形之下，系出平氏或秀鄉系統的藤原氏也相率歸於源氏。1091 年（寬治五年），朝廷下令禁止全國各地人民將田園的券契捐贈給源義家，可由此得知當時的地方豪族們認為，與其將田畝捐贈給中央貴族，倒不如與源義家結成主從關係較為有利。在這種關係擴大的過程中，一向孤立的莊園公有領土有勢力的名主，就以武家郎從的共通關係結合在一起。

第三節　院政・平氏政權與新文化的萌芽

一、整頓莊園

　　藤原氏在醍醐天皇（897-930 在位）以後約一百五十年間，以連續十一任天皇的外戚身分得勢於中央政府，獨佔攝政、關白之職，其族人亦佔據其他許多要職。然至賴通因其女時未生皇子，故由不以藤原氏為外戚的後三條天皇（母為陽明院禎子內親王）即位。後三條即位後，登用村上源氏❾及大江匡房等中級貴族以壓抑藤原氏，藉謀革新政治。尤其為強力推行莊園的整頓工作，乃於 1069 年（延久元年）設置「記錄莊園券契所」（記錄所），審核莊園地主提出的文書，凡以不正當手段獲得「不輸、不入」特權者，一律停止其莊園資格，以增加公有土地。此一整頓莊園的命令，乃應實際前往任所（與遙任相對）的地方官要求而為，故攝關家的莊園也成為整頓的對象。然因那些地方官們在任期將滿時濫發「免判」❿而亂立國免莊，致無法貫徹此一整頓工作。

　　藤原氏的經濟基礎大半倚賴地方上諸豪族與武士們所捐贈的莊園，唯當地方豪族與武士改變其捐贈對象以後，其經濟基礎難免發生動搖。尤其藤原氏不僅無法阻止與自己無姻親關係的後三條天皇即位，又因天皇下令整頓莊園而受到更大的打擊。藤原氏雖曾強烈反對此一整頓政策，但皇室卻因此措施而增加不少私有領地。不過這一政策尚未達到預期的成效時，後三條天皇便因病而讓位。白河天皇繼其志業，在其在位的十四年裏，無須顧慮外戚勢力而致力於政務，讓位後也以上皇身分

❾村上天皇（西元 946-967 年在位）之子具平親王的子孫。

❿莊園地主申請「不輸」之際，國衙發給的許可證。

在院中繼續過問政事，謂之院政。此後的後鳥羽法皇、後白河法皇也都在院中發號施令，一直到鎌倉末期。因實施院政的結果，政治實權便從攝關家轉移到上皇的院廳。在此情形之下，院裏的職官與事奉天皇的朝臣之間形成對立，終於成為天皇與上皇不和的導火線。院的經濟基礎是院直接管理的「知行國」❶，與後來增加的長講堂領地，其支持者——即軍事基礎為：在攝關政治下形成的中下層官僚貴族，及在諸國捐獻莊園的武士。而平氏之所以能夠崛起，亦應與院的結合有關。

二、保元、平治之亂

東國之亂後成為藤原氏股肱而逐漸伸張勢力的源氏，在源義家以後因內訌而勢力減弱，平氏遂代之而崛起。平氏的根據地在伊賀（三重縣）、伊勢（三重縣）地方。伊勢的平氏至正盛與其子忠盛時，勢力已擴及京畿一帶，而被視為是平氏的嫡系。其所以被視為嫡系的原因在於藤原氏以源氏為爪牙，白河上皇則以平氏為院的武力後盾而登用正盛、忠盛父子，以加強院政的權勢。尤其忠盛頗獲法皇的信任，准其昇殿❷擔任刑部卿，成為上皇的執事而管理院的領地。此外，平氏又將西國的海賊納入其支配之下，掌握了瀨戶內海的海權。更由於從事對外貿易，奠定了財政基礎。

使平氏進出政界的決定性事件，是保元之亂與平治之亂。這兩起內亂肇因於多年來院政的弊害與藤原氏內部的政爭。因冊立太子問題造成鳥羽法皇與崇德上皇之間的爭執，成為保元之亂的直接原因，同時，因爭奪攝政、關白職位而引發關白藤原忠通與其弟賴長之間的鬥爭，更與源為義與其長子義朝的反目糾纏在一起。結果，

❶ 所謂知行，就是從平安時代起，至鎌倉、室町時代之間所實施土地、財產的直接管理。知行國則是把律令制的國之知行權（稱吏務）給予特定的個人或寺院、神社，使之獲得該國的正稅、官物的制度。

❷ 平安時代以後，准許人臣進入清涼殿南的殿上房間之意。五位以上之官員及六位之「藏人」之獲准者可享此殊榮。後世則以家世來決定可否昇殿。獲准昇殿者稱「殿上人」或「堂上」，未獲准者則叫「地下」（jige）。

當鳥羽法皇於 1156 年（保元元年）殂落之際，藤原賴長與源為義即奉崇德上皇舉兵，藤原忠通與平清盛則與源義朝結合在一起，於白河殿襲擊崇德上皇。結果，由武士與近臣所組成的鳥羽法皇的一方，打敗了僅倚靠個人從者和莊園士兵的崇德上皇；崇德上皇被流放讚岐（香川縣），藤原賴長中流矢死，源為義被處斬。

　　保元之亂後，有戰功的平清盛與源義朝互爭勢力。清盛與後白河上皇的寵臣藤原通憲結合，使義朝屈居下風。源義朝為除藤原通憲，乃與通憲的死敵藤原信賴聯手，於 1159 年（平治元年）利用清盛前往熊野參拜的機會，幽禁後白河上皇，殺通憲。但清盛聞訊後中途折返，打敗義朝。因此，信賴被斬首，義朝則於尾張（愛知縣）被殺。義朝之子賴朝被流放於伊豆（靜岡縣），源氏的勢力遂分散於各地而式微，是為平治之亂。之後，進入平氏的全盛時代。

　　平治之亂後，平清盛以父祖傳下的領土為地盤，而以勝過乃父的政治手腕進出政界。他所採取的策略是以姻親關係來跟公卿勢力妥協，因此將八個女兒全部嫁給公卿及皇室，尤其次女德子進入大內成為高倉天皇的中宮，生下安德天皇。清盛得以外戚身分得勢，於 1167 年（仁安二年）以武士身分被任命為太政大臣，其族人子弟也都當了大官。由於清盛與其族人都居住於京都六波羅的宅第，所以也叫做六波羅政權。平氏政權最盛時，其一門所擁有的莊園多達五百處，知行國則多達三十餘國。清盛又派遣其家人或族人至與中國宋朝貿易的要地大宰府，以確保獨佔貿易的據點。與之同時，他又修築大輪田泊（日後的兵庫港，現今神戶港西部），以獲取由對華貿易而來的財富。於是大輪田泊一帶便因清盛此一政策而大為繁榮，宋朝商舶也常至此停泊，京都的貴族也遣使直接與中國貿易。

　　平氏政權乃由武士樹立的政權，就這點言之，是一件劃時代的大事，但他並未設立武士本身的政治機構，而只由其一門來獨佔太政官機構的官職，以掌握政權。

　　然平氏的全盛時期並不長，其故在於他不但無法掃除舊勢力，而

且又實施軍事獨裁，致其反對勢力非常廣泛，上皇的院以及藤原攝關家、寺院勢力均對其政權表示反感，不久又以這些勢力為中心，策劃排斥平氏的陰謀。1177 年（治承元年），後白河上皇的近臣藤原成親，釋俊寬等人在京都郊外的鹿谷（鹿ケ谷）密謀討伐平氏，為平氏所發覺（鹿谷事件）。平清盛遂於 1179 年（治承三年）放逐反平氏的公卿，並將後白河上皇幽禁於京都鳥羽殿。平氏遂因此樹立其獨裁政權，這反而使反平氏的運動更為積極，終由以仁王豎起討伐平氏的大纛。

三、平安末期的文化

從院政時期至平氏掌握政權的十二世紀日本文化，雖仍以日本風格的所謂國風文化為基礎，但也呈現新的開展。公卿貴族雖因武士崛起而逐漸步向黃昏，卻也如迴光返照似的留下他們在文化方面的光彩；武士階層崛起以後，也留下次一個時代所開展的武家文化徵兆。與之同時，也注意到一般民眾的生活，而有描寫其活動或日常生活的作品出現，一般大眾的文化已開始萌芽。

由於武士階層的興起與地方經濟的發達，文化也漸次及於地方，使地方也有較高水準的文化。

在文學方面有描寫攝關家全盛時代，全書貫穿謳歌藤原氏榮華富貴生活的《榮華物語》，及採取嶄新的手法以對話方式論述以藤原道長為中心的藤原氏榮華的《大鏡》。此外，復有將印度、中國、日本的故事或佛教傳說以及武士、一般民眾的日常生活為主題的世俗故事，用漢字、假名相混的文體來書寫的作品出現，如《土佐日記》、《今昔物語》、《梁塵秘抄》等。與之同時，也有描寫平將門之亂的《將門記》與描寫前九年之役的《陸奧話記》，此乃日後盛行的「軍記物」──軍事小說的濫觴。

就繪畫方面言之，此一時期已產生畫軸，亦即在文字中加入圖畫，以說明畫中的故事或情節，增加趣味性、可讀性，如描寫宮廷貴族生活的「源氏物語繪卷」，或描寫一般民眾動態的「伴大納言繪詞」、「信

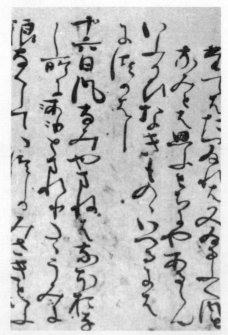

圖 17:《土佐日記》書影　《土佐日記》全一卷，紀貫之 (868? –945?) 著。
934 年（承平四年），紀貫之於土佐守（職稱）的任期屆滿後，從土佐（高
知縣）揚帆，次年二月十六日回到京都。此書是書寫其旅途中的所見所聞，
係以日記體書寫的記敘文。為日本第一部以假名撰寫的日記，在文學史上
的價值頗高；由此書可窺知當時的交通情形與風俗，故亦屬重要史料。本
書影係藤原定家 (1161–1241) 所臨摹。

貴山緣起」等。至於將動物擬人化，以諷刺上層貴族或僧侶者則以〈鳥
獸戲畫〉較著。衣著方面則有直衣 (nōshi)、褂姿 (uchiki)、水干 (suikan)、
狩衣 (kariginu) 等。

　　此一時代的佛教以淨土宗信仰較為普遍，留下如中尊寺金色堂等
華麗絢爛的遺跡。

　　演藝方面則流行朗誦和漢名句的「朗詠」，與雜耍的「散樂」，民
間歌謠的「催馬樂」(saibara)，及祈求農作物豐收的「田樂」(dengaku) 等。

圖 18：平安時代的男女服飾㈠——褂姿　將《源氏物語繪卷》所繪花紋之褂加以復原。從女房（高等女官）裝束卸下裳，即是所謂褻之裝束（簡裝）的褂姿，相當於夏天料子的夾衣，也有將三塊布料縫在一起成為一領（件）的，冬天的料子則在裡面鋪棉，但多半在單衣上加上數件的褂，而以其量感與色調來表現典雅之美和身分。

圖 19：平安時代的男女服飾㈡——直衣　將平安時代末期的直衣加以復原。直衣係被稱為公卿的地位高者日常所穿的衣服，戴冠或烏帽子，並穿袍、祂、單衣及指貫之袴。因不似位袍因地位不同而有顏色之別的規定，所以通常冬天的料子上面是白綾，裏子為有顏色的綾，或以平絹縫製之「重疊顏色」；夏季則用二藍色的單層衣料。獲天皇許可進宮者則穿直衣、戴冠。

圖 20：平安時代的男女服飾㈢
——水干　此係將《伴大納言繪詞》及其他書上所見的「水干」服飾予以復原。「水干」係被朝廷或貴族所雇用的平民所穿的衣服，乃源於胡服狩衣系統盤領的上衣。它與狩衣不同的地方在領子用帶子來縮小，下擺放進袴子裏俾便工作。武士們也喜歡在鎧甲下穿簡單形式的水干，到了下一個時代就成為禮服之一。

圖 21：平安時代的男女服飾㈣
——狩衣　平安末期狩衣的復原。狩衣原是打獵時所穿的衣服，原以植物纖維所織布料來縫製，唯當被當作常服來穿後，就用綾、絹、紗等布料。表面的布料與襯裡的布料之間用不同顏色的料子來裝飾。在狩衣之下穿袙與單衣，戴烏帽子，並穿稱為狩袴的六幅之袴，位階高者則穿「指貫」的袴。因係襖的變化形式，所以也叫做狩襖。

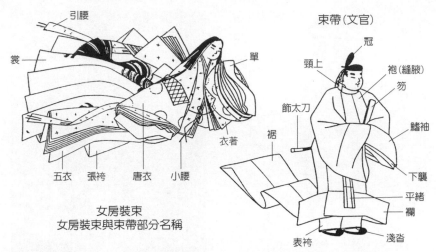

女房裝束
女房裝束與束帶部分名稱

圖 22: 平安時代的男女服飾(五)——女房裝扮與束帶的部分名稱。

Japan

第II篇
中　世

第五章
武人政治與鎌倉文化

第一節　鎌倉幕府與武人社會

一、平氏的滅亡

　　在人們反平氏的聲浪高漲，後白河法皇被幽禁的第二年，即 1180 年（治承四年），源賴政擁後白河之子以仁王舉兵討伐平氏，但俱敗歿。然以仁王所下討伐平氏的「令旨」傳至各地的源氏手裏，被流放於伊豆的源義朝之子賴朝，與隱居信濃國（長野縣）木曾的源義仲及其他各地的源氏都相繼舉兵響應，而奈良各寺院的勢力也都採取反平氏的立場。源賴朝不僅獲其岳父北條時政之助，又得到東國武士們的支持，在富士川擊敗平氏部隊後，留在鎌倉一心一意地鞏固源氏在東國的地盤。平清盛為因應此一情勢，曾一度遷都福原（神戶市）以重建態勢，卻因貴族們與大寺院的反對而不得不返回京都，於 1181 年（養和元年）病歿。另一方面，源義仲於 1183 年（壽永二年）從北陸方面急攻，將平氏一門逐出京都，然因後來與後白河法皇對立，後白河乃於同年承認源賴朝在東海、東山兩道（東國）的支配權，並命賴朝討伐滿仲。

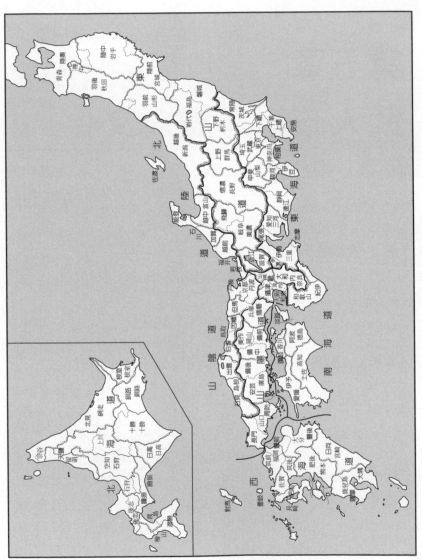

圖 23：日本舊國名地圖

圖 24：傳說中的源賴朝畫像（部分） 頗符合經長期流放生活後樹立鎌倉幕府的政治家，散發著威嚴與堅強的意志。但最近有人說這畫像是室町時代武將的肖像。相傳為藤原隆信所畫。長一百四十三公分，寬一百一十三公分。（神護寺典藏）

因此，賴朝乃令胞弟範賴、義經上京，使他們討伐義仲。之後，範賴、義經復指揮其麾下將士討伐平氏，於 1185 年（壽永四年，八月改元文治）3 月，在長門（山口縣）的壇浦（壇ノ浦）消滅了平氏。當時平清盛之女德子與高倉天皇所生之子安德天皇，也在此一戰役裏，被其外祖母抱著跳海而亡。

源義經在此以後，因未經乃兄賴朝的同意接受後白河法皇所授官職，引起賴朝的不滿，乃逃至奧羽地方倚靠奧州（東北地方）的豪族藤原秀衡。秀衡死 (1187) 後，源賴朝施壓使秀衡之子泰衡殺義經，之後，源賴朝竟以其弟被殺為藉口，於 1189 年（文治五年）親率大軍消滅泰衡而平定奧州，大致完成統一全國的大業，於是日本的軍權便歸於賴朝一人之手。

二、創立鎌倉幕府

1190 年（建久元年）的日本雖發生水、旱災而鬧饑荒，但源賴朝卻於 10 月從東國前往京都，11 月上旬抵京，觀見後白河法皇。同月下旬被任命為「權大納言」，12 月上旬為「前右大將家」，然後返回鎌倉。翌年 1 月 15 日，舉行「前右大將家」政所（辦公處）的開幕儀式。

源賴朝選擇具有天然屏障的鎌倉作為統一的根據地，此地既是源

賴義以來與源氏關係最密切的地方,也是適宜統率許多與源氏有深厚關係的東國武士們的處所。決定以鎌倉為根據地後,源賴朝於 1183 年(壽永二年)10 月,從朝廷獲得東海、東山兩道的行政權,兩年後被允許於全國設地頭❶、守護❷,奠定全國政權的基礎。其處理家政的機構也隨之而完備,被稱為幕府。所謂幕府,就是近衛大將的軍陣之府,源自賴朝於 1190 年 11 月被任命的右近衛大將。此幕府的稱呼在賴朝於 1192 年辭去斯職,改任「武門之棟樑」征夷大將軍之職以後仍然沿用,於是賴朝的幕府便具有名實相符的武人政府體制。

幕府原是賴朝為統率源氏部屬而設的家政機構,故其組織係模仿當時權門的家政機構政所 (Mandokoro)。所謂政所,就是親王及二位公卿世家所設正式機構,尤其攝關家藤原氏的政所規模特別龐大。作為中央機構而首先設置的是統御其部屬,及處理軍事、警察事務的侍所 (Samuraidokoro),而以和田義盛為其首長——別當 (Bettō)。繼則於 1184 年設公文所(後來改稱政所),由大江廣元為別當,職司與權門勢家的政所相同。同年又設問注所,以三善康信為其首長——執事。其所以設問注所,乃由於幕府重視訴訟裁判之故。然這些機構也隨著賴朝勢力的發展,所要處理的事務日漸廣泛,事務內容也從私的轉變為公的。在此情形之下,已無法只在鎌倉處理事務,故增設六波羅探題、鎮西探題、長門探題、奧州總奉行等機構,而上述地頭、守護的設置,也是在此一時期。

鎌倉幕府成立後,京都依然存在著公卿政權,仍然維持著根據律令體制而來的行政權,所以幕府之行政權所及者,只侷限於給予源賴朝之舊屬平氏之領地(關東

❶日本中世時賦予地頭的職務及權力,包括從事田、山林、鹽地的管理,以及徵稅等工作。

❷鎌倉、室町時代的職稱,被賦予軍事、警察權,由有勢力的御家人來擔任,因多利用職權蠶食鯨吞莊園而逐漸地主化,成為「守護大名」。

御領）和知行國（關東御分國）等幕府直轄地，及部屬所擁有之土地而已。

三、源氏將軍的滅亡

源賴朝雖以源氏嫡系身分創設幕府政治，卻於 1199 年 1 月（建久十年，4 月 27 日改元為正治）年僅五十一而亡。賴朝死後，賴家以嫡長子身分繼大將軍職。十八歲的賴家自幼被培養為未來繼承人而自視甚高，有不少任性的作為，所以既難使部屬心服，而且也無法統御他們。

早在賴朝晚年，京都的情勢已不利於幕府，故京都的幕府系公卿西園寺公經等以此為慮。並且後藤基清等武士又因院方的有權勢者源通親策謀恢復院的權勢而感憤慨，遂襲擊通親而見敗，因此，西園寺公經被免去院廳別當之職，後藤基清也失去讚岐守的職位。可是源賴家似乎不太關心京都之事，只重用其妻娘家與比企氏侍從的武士數人，欲藉此壓抑幕府的元老們。北條時政等人不僅對賴家的態度感到不滿，同時也怕日後比企氏以外戚身分掌握幕府實權，乃於 1199 年 4 月決定日後的訴訟不由賴家直接裁決，而改由北條時政、北條義時、大江廣元、三浦義澄等十三位元老評議處理。可是賴家並未聽從，而於同年末，藉千葉常胤、三浦義澄等武將六十餘人的彈劾，使賴朝以來具有實力的重量級人物侍所所司梶原景時失位。另一方面，又因院方要求淡路（兵庫縣）、阿波（德島縣）、土佐（高知縣）三國的守護佐々木經高不服國司之命為理由處罰他，而難以拒絕，遂於 1200 年（正治二年）免除經高的職務。因此，幕府的權威無論內外都下降，賴家雖於 1202 年（建仁二年）被任命為征夷大將軍，卻於翌年 7 月忽然病重，其母北條政子乃使賴家退隱，並以其弟千幡（即日後的實朝）繼承關西（箱根關以西）三十八國之地頭職，關東二十八國之地頭職與總守護職則讓與賴家的嫡子一幡。比企能員聞後憤慨異常，但為北條時政所殺，比企一族也在奉一幡據守的比企谷（比企ケ谷）受北條氏討伐

而滅亡。之後，賴家之病雖日漸好轉，卻於9月7日被其母政子強迫出家，送往伊豆修禪寺後即予殺害。

　　繼賴家之後為幕府將軍的是年僅十三的千幡——即實朝，實朝叡智而資性溫雅，然因政務的實權為北條氏所掌握而形同傀儡，而實朝又愛好京都文物，重文輕武的傾向造成將士們的猜疑，在幕府周圍充滿著欲消滅源氏的陰謀。實朝雖知此一事實，卻唯藉風雅之道以慰無奈之心，及企求自己官位能夠上昇而已。即使如此，實朝竟於1219年（承久元年）被賴家之子公曉刺殺而亡。結果，源氏的正統將軍自賴朝以來僅三任二十七年即告斷絕。如就實力而言，北條氏本應可繼承將軍之職，但因當時的日本重視門第，故毫無可能。所以此後的幕府將軍是從皇室或攝關家迎接，北條氏則仍以「執權」身分掌握著大權，直到幕府滅亡為止。

　　對鎌倉幕府盡忠成為「家人」(kenin) 的武士稱為鎌倉御家人。欲成為鎌倉御家人者，須謁見幕府將軍，請將軍承認自其祖先傳下的土地（安堵），其有功勳的，則以恩賞方式給予新的土地（新恩給予），謂之「御恩」。御恩的對象多是土地，但此有關土地的御恩並非給予實際的土地，而是只給收租權。對於主人的御恩，家臣必須以忠誠從事軍事的服務，及分擔主家所需的各種費用。御家人平時所服最重的軍役就是衛戍京都的「大番役」。此役的服務年限原為三年，經源賴朝的交涉減為一年，後來再減成為半年。其次就是東國御家人必須要盡的軍役——鎌倉番役，及元軍東征以後所必須服之衛戍西陲地區的警固役。此外，尚須分擔宮中各種營造工程，及將軍前往京都時的費用等，名目繁多。盡上述各種義務的御家人，謂之「奉公」。

　　幕府為加強體制，雖置「評定眾」與「引付眾」，但於1232年頒布《御成敗式目》(《貞永式目》) 五十一條，規定守護、地頭的職權與義務，及御家人的身分與財產等問題，其實施侷限於幕府的勢力範圍內，對象亦僅限於御家人。

第二節　鎌倉時代的文化與農村的動向

　　武士政權成立後，雖在政治上、軍事上壓倒了公卿政權，但在文化上，武士們卻不及擁有長久傳統的貴族文化。因此，幕府將軍與武士們乃從京都聘請文化界人士前往鎌倉，致力吸收貴族文化。並且在不久以後，移植宋、元文化，從而產生武士本身的文化。與之同時，復有順應當時農民與社會生活的新佛教相繼出現，成為他們精神的支柱，在文化方面，武人文化逐漸形成一股洪流，給當時社會人心帶來極大影響。

一、佛　教

　　此一時期的新佛教之所以興隆的原因，在於從平安時代末期發生的新佛教運動，至鎌倉時代已有淨土宗、一向宗、時宗、臨濟宗、曹洞宗、日蓮宗等宗派，積極從事傳教活動。其所以致此的原因，應與末法❸意識的加強有關。尤其此一意識因平安末期至鎌倉初期的戰亂頻仍，饑饉、疫癘、天災接踵而至而愈益深刻，而鴨長明《方丈記》，或《平家物語》所流露的悲戚感，應可說是這種意識的代表。

　　當時與市井人物來往，或躲在山中修煉的僧侶雖較往日為多，只因他們都說必須苦修自己肉體方能往生極樂，所以這種具有逃避現實特性的修行方式，難為一般民眾所接受。因此為了能夠彌補這些缺點，以迎合末世凡夫為對象，以信仰為本位的宗教出現。在此值得注意的就是產生於地方農村的名主階層，他們隨著自己教養的提昇，需要能原原本本地承認自己生活的新宗教出

❸佛教裏的一種歷史觀，釋迦圓寂後，佛教到底被如何實踐而將其分為正、像、末三個時期。正法時代是佛之教（教說）、行（實踐）、證（結果）俱備；像法時代只存教、行；末法時代則只存教，再來則進入法滅期。

現。尤其立身於名主階層而進出中央政界的地方武士們，他們不能滿足於逃避的宗教，而要求能夠肯定其生活，且與其體驗一致，進而能夠積極協助形成彼等世界的宗教。

因此隨著武人社會出現而來的各種社會情勢，促使了新佛教的興起；而那些新佛教也反映了時代要求，使古代的貴族佛教具有作為庶民佛教的特性，使學解主義、戒律主義的佛教成為學問的、反戒律的，並且使其所有教理成為以信仰為本位的簡單直接。就淨土宗而言，法然（源空）初時雖學天台，因知只重視學問修行的聖道門諸宗，畢竟無法因應時代與民眾需求，乃探究他力往生的教學，而以專修念佛為中心思想，故以念佛之行為正修，其他為雜修。淨土真宗的親鸞繼承法然的專修念佛，他認為只要念佛的剎那間，往生極樂便可獲得保證，所以入信以後的生活是報謝佛恩的念佛生活，反省自己的罪惡深重，而須努力使自己之心能符合阿彌陀佛之心。時宗則從事街頭宣傳，並研究與神祇接觸的傳教方式，使其宗派隆盛。禪宗則是離開經典的教外別傳，不立文字❹的宗派，係以坐禪為主要修業方式的宋朝禪。傳到日本的禪宗有臨濟宗與曹洞宗，前者受到幕府將軍等上層武士與公卿貴族的皈依，後者主張由嚴格的坐禪工夫來求大徹大悟，而與以果斷明決為宗旨的武士精神修養有其相通處。至於日蓮宗是以《法華經》為宇宙的本體，並以之為本尊的曼荼羅，更以口誦「南無妙法蓮華經」為即身的第一業。在上述各派新佛教的刺激下，舊佛教之間也興起打破現狀的機運，如西大寺的睿尊和尚與其門下之良觀從事救貧施療工作即是。

鎌倉幕府成立後，政治中心雖由京都轉移到鎌倉，

❹禪家以為教家之人只以經論文字或教說為主，為有失佛教之真精神，故認為真佛法之正法並不依文字或經教，乃以心相傳而重體驗。這種精神在菩提達摩將禪宗傳至中國時 (527) 即已存在。而它之被特別強調，則是唐代六祖慧能以下的南宗禪。

但文化卻大都為公卿貴族所保持，所以武人也仰慕京都的文明而欲加以吸收。在此情形之下，當代的美術雖仍是藤原期的繼承與發展，但也反映武士的風氣，簡單樸素而帶有雄健的傾向。同時，又因受到來自大陸的宋文化影響而開拓了新領域，這也是值得注意的。

二、建築、雕刻與繪畫

當時的建築雖仍以寺院建築為主流，然以南都佛教的復興與禪宗的興隆為契機，移植了「天竺樣」與「唐樣」而和「新和樣」互競，使建築界呈現空前盛況。「天竺樣」是在重建東大寺時，由釋重源自宋朝聘請陳和卿建造雄偉、豪放的建築模式，這可從現存於該寺的南大門、開山堂、鐘樓，及播磨（兵庫縣）淨土寺淨土堂的遺跡窺見其一端。「唐樣」則是因創建禪剎而急速發展，它大體上承襲中國佛寺的規模。現存的遺跡，除鎌倉圓覺寺的舍利殿外，僅有武藏（東京、神奈川縣、埼玉縣）東村山正佛寺的佛殿而已。至於「和樣」，則可以奈良興福寺為代表。

雕刻方面有運慶與其子湛慶、弟子快慶等人為中心的作家群，運慶、湛慶父子以豪快、雄渾著稱。代表作有運慶所雕興福寺北圓堂的無著、世親諸像，運慶、快慶師生合刻東大寺南門的金剛力士（高二丈六）等。神像雕刻也因受佛像雕刻的影響，除前一時代樸素的神像外，也出現如僧形八幡那種富於人間味的傑作。此一時代中期以後，也輸入宋朝模式的雕刻法如東大寺南門的石獅等，但流於技巧主義，所以在此以後的佛像雕刻便陷於不振狀態。

繪畫方面有「來迎圖」等名作留傳於世，畫軸則從文學題材擴及寺院的緣起或靈驗故事方面而留下許多傑作，可以「北野天神緣起繪卷」、「春日權現驗記」為代表。當時的畫軸製作雖非常盛行，但因受到水墨畫流行的影響，致其形式流於缺乏生氣的畫作，終於變成簡單的「繪草紙」。在肖像方面有藤原隆信、信實等名家，當時名作則有「後鳥羽上皇畫像」、「平重盛畫像」、「源賴朝畫像」等。至於書法，則有

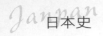
伏見天皇之子尊親王集前此書法之大成，創造了青蓮院流派。

三、文　藝

　　在文藝方面，因此一時代的官學已式微，一切學問都成為師承的、世襲的，故學閥之爭日益激烈，漢學諸道的博士，歌道、書法的掌門人也為少數門流所獨佔而了無生氣。故從中世末期開始，產生地方上的檀林之制，從此貴族與上層武士開始有將自己子弟送往寺院接受教育的習慣。

　　中世的學術雖已式微，卻有復古的傾向，亦即從事研究古典作品如《萬葉集註釋》等是。與之同時，學術、演藝、和歌等均神秘化，紫式部的《源氏物語》對人物心理及自然的描寫雖然非常傑出，而居於日本文學的最高峰，但在此一時期卻只有敘述佛教深遠哲理方面的價值獲得肯定。此一時代的文學作品，是傳統文藝與軍記物❺的流行，主要作品有敕撰《新古今和歌集》、源實朝《金槐和歌集》等和歌集；具有歷史意識的《大鏡》、《水鏡》、《增鏡》、《今鏡》、《榮華物語》；歷史哲學的《愚管抄》、《神皇正統記》、《讀史餘論》，及以編年體記述鎌倉幕府創業時代的《吾妻鏡》等。隨筆有《方丈記》與《徒然草》(Tsrezuregusa)，旅行記有《十六夜日記》(Izayoinikki)，軍記物有《保元物語》、《平治物語》、《平家物語》、《源平盛衰記》等；至於說話集則有《宇治拾遺物語》、《古今著聞集》、《沙石集》、《十訓抄》等。

四、農　村

　　就農村方面而言，在奈良時代初期，中央的公卿貴

❺亦稱戰記物，盛行於鎌倉、室町時代，以戰爭為主題的文藝作品。

族與寺院、神社在全國各地擁有許多莊園，與幕府形成鼎立之勢。然在現實上，那些莊園地主並未支配村落，而由當地的領主來管理。這種以當地領主為中心的農業經營，從平安末期以來日益發達，農業技術也已相當進步，且已能夠利用獸力耕種。在畿內已嘗試種植稻米、麥、蕎麥相互配合的輪作，並隨正條密植❻的盛行，而有豆類與其他作物的間作。由於灌溉溝渠的發達，已設法將低濕地變為良田，故農民的聚落已有移往低窪地帶的傾向。此一時期的邊遠地區雖有不少大地主，但畿內附近則因分割繼承或下人地位的提高，造成大規模名主的瓦解。一般說來，此一時代的農村似由幾個土豪的名主形成散村的型態。

當時的市場多設於國衙或莊園的政所、交通要衝、港埠、渡口，遇到寺院、神社舉行祭典時，則臨時設於其境內或門口，而每月開市三次的定期市場也十分普及。隨著商品交易量的增加，從宋朝進口的銅錢也開始在農村市場流通，而批發商——問丸 (toimaru)，及運輸業者也開始出現。

第三節　元軍東征與鎌倉幕府的滅亡

一、蒙古崛起

早在平安時代末期，中國東北地方先後興起遼、金等強國，金因內亂而國勢漸弱，對外蒙古方面的統制力量也大不如前；利用這種機會圖謀遊牧民族團結的，就是在金統治下興起的鐵木真。鐵木真於源賴朝創設鎌倉幕府後不久的 1206 年，統一內外蒙古，建立蒙古國，

❻所謂「正條密植」，係農業方面的專有名詞，插秧時縱橫都排列成直線，種植的密度高。

號成吉思汗。其後，蒙古南征北討，東征高麗，於 1234 年滅金，兼併中國北部之地。並且又平定南邊的雲南、西藏及安南；更西征歐洲，攻陷俄羅斯諸城市，擊潰波蘭、德意志諸侯的聯軍，蹂躪莫斯科、匈牙利、波蘭各處，形成跨越歐亞的空前大帝國。

1260 年，即日本龜山天皇文應元年，世祖忽必烈即大汗位後，以大都（北京）為首都，開始入侵踞躑江南的南宋，於 1271 年建國號為元。

二、文永之役

前此 1266 年（文永三年）8 月，忽必烈為與日本通問結好，以相親睦，防止日本助南宋反抗蒙元，乃以兵部侍郎黑的、禮部侍郎殷弘為使，並命高麗元宗遣陪臣嚮導。元宗乃命樞密院副使宋君斐、侍御史金贊偕行，竟僅至與對馬相對的巨濟島松邊浦，未渡海而逕行折返，翌年正月抵江都。他們折回的理由是「大洋萬里，風濤蹴天，意謂危險若此，安可奉上國使臣冒險輕進?」世祖怒其未能完成使命，故又下令黑的、殷弘再至江都，要求高麗單獨完成此一使命。元宗無法抗拒世祖嚴命，乃以起居舍人潘阜為使，持世祖詔書並副本國國書赴日。潘阜與書狀官李挺在 1268 年（文永五年）9 月 23 日動身，12 月抵對馬島，翌年正月朔日至九州大宰府，將世祖詔敕遞交給大宰府官員。幕府接獲詔敕後，將它呈報後嵯峨上皇。日本朝廷以為不可復書，幕府亦表示其斷然決心，年邁的幕府執權北條政村遂將其職位讓予年少氣銳的北條時宗。此後，忽必烈雖曾數度遣使日本，卻為時宗所拒。時宗不僅拒絕蒙元所要求的彼此通問結好，而且下令九州的守護、地頭，嚴加戒備，並使居住鎌倉的四國、中國地方的御家人返鄉，以備萬一。由於日本始終相應不理，忽必烈便認為須採強硬手段而決定以武力解決，乃在高麗實施屯田，令高麗建造東征日本所需的軍艦九百艘，並限於半年內完成。

1274 年（文永十一年）10 月，元將忻都、洪茶丘等，率領元、高

麗之兵總數三萬二千三百人，乘坐大小船艦九百艘，從高麗南部的合浦（馬山浦）出發，進攻對馬、壹岐，及九州的肥前松浦郡，然後指向筑前（福岡縣）。大宰府接到來自對馬的緊急聯絡後，以飛檄召集九州的御家人，由少貳經資統率迎擊從博多灣登陸的元軍，展開激戰。當時日本武士的作戰方式，係在開戰前由主將出來叫罵及自我吹噓一番後始交手，元軍則採擊鼓進軍，鳴金收兵的密集戰術，並且使用鐵砲（石火矢）等武器，致使日軍毫無招架之力，傷亡無數而退至水城。然因當夜狂風暴雨驟至，元及高麗的人、船損失頗鉅，不得不退回合浦，謂之文永之役（甲戌之役）。幕府料想元軍必將再來，故於九州北岸構築石壘，以阻止登陸，並加強水軍，以便在海上迎擊。

三、弘安之役

1275 年（文永十二年）2 月，元世祖以禮部侍郎杜世忠、兵部郎中何文著、計議官撒都魯丁、書狀官薰畏國人果，高麗張昭、徐贊使日。一行雖於 8 月抵大宰府，被送至鎌倉，北條時宗竟於 9 月 7 日將他們斬於瀧口（瀧ノ口），唯世祖獲此消息已在四年之後。

日本為防元軍再來，曾費五年時間構築防禦工事，且為統率抗元部隊，乃以北條實政為總帥，更以北條氏一族擔任長門（山口縣）、筑後（福岡縣）的守護。其間，為鼓舞士氣，乃積極計畫向海外進攻，命九州的御家人等報告應出征的人員、馬匹、武器等數目，同時也下令山陰、山陽、南海三道擁有海邊土地的御家人，準備能夠徵調的船員。此一計畫雖未付諸實現，但此一消息傳開後，頗使九州的御家人振奮。

元軍東征日本失敗後，於 1279 年消滅南宋，準備再次東征，然懲於前次之敗，乃加強水軍，起用擅長水戰的南宋降將范文虎，準備以東路、江南兩軍進攻日本。

1281 年（弘安四年）5 月，從高麗合浦出發的東路軍首先進攻對馬、壹岐，不待江南軍到來，於 6 月上旬進入博多灣，擬佔領志賀島，

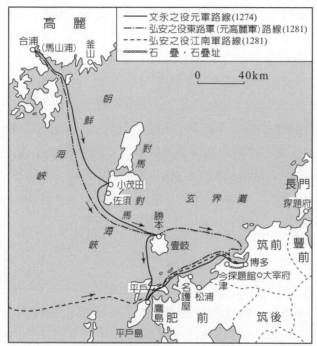

圖 25：蒙古東征略圖

卻遭日軍強烈抵抗,乃轉移到五島列島附近等待自寧波起程的江南軍。
7 月 27 日,東路軍與江南軍合攻博多灣,卻因從 29 日午夜至閏 7 月
朔日清晨之強烈颱風,致船艦漂流、覆沒,人員死傷慘重,生還者約
兩成而已。此一戰役謂之弘安之役(辛巳之役)。

　　當發生上述兩戰役時,幕府除下令動員御家人外,還徵調權門、
寺社的兵員及向他們課徵軍費,從而確定武人政權對公卿政權的優越
地位。幕府又為加強防衛體制,將九州及西陲許多守護職歸於北條氏
一族之手。更為裁決西國御家人的訴訟問題,於 1293 年(永仁元年)
設鎮西探題,並經由此一機構加強北條氏的專制支配。

　　元朝在兩次東征失敗後,雖也曾計畫第三次東征,卻因海都叛亂
而有帝國分裂的徵兆,致其計畫寢而未行。雖然如此,幕府因始終無
法放鬆九州沿海地帶的防備,故使御家人輪流擔任衛戍工作。結果,

財政支出增加,使在這兩役中出錢出力而困窮的御家人
備嘗雪上加霜之苦。

四、鎌倉幕府的滅亡

鎌倉幕府的基礎原在以莊園或公領為地盤的御家
人,那些御家人在初時以莊園或公領的名主身分,驅使
奴婢或「作人」❼直接務農,後來則成為不耕作的地主
或領主,而以空閒時間統領其部屬擴張領土。在此情形
之下,便不再將其土地分給庶子而由嫡長子來繼承。當
領土集中於嫡長子身上時,住在附近的庶子有的成為嫡
長子的部屬,有的離開嫡長子的統制,跟隨有財勢的御
家人而獨立。更由於此一時期貨幣經濟的發展,都市生
活的方式滲透地方農村的結果,無法以其有限的土地收
入生活的貧困御家人,便以高利貸方式向富裕的御家人
告貸,終因無法償債而導致失去土地者日益增多。其在
地方上擁有徵調兵員大權的守護,則無論其為御家人或
非御家人,逐漸將中小階層的武士置於手下,而在各地
擁有強大勢力,如東國的足利氏,近江的佐佐木氏、九
州的少貳氏、大友氏等。

在此情勢之下,遂給京都的公卿政權以反擊的機
會,直接的動機就是皇位繼承問題,亦即在承久之亂❽
以後,不僅監視朝廷的舉動,還干涉皇位的繼承人選,
致皇統分為持明院系統與大覺寺系統兩派,使朝廷為皇
位繼承問題兩派相互傾軋不已。當繼花園天皇之後即位
的後醍醐天皇視事後,幕府又干涉立太子問題,這使他
憤慨異常,遂計畫討伐幕府。當計畫正在進行之際,卻
於1324年(正中元年)因事機洩漏,參與打倒幕府的
日野資朝、日野俊基等人被六波羅探題所遣兵員逮捕而

❼sakunin, 莊園農
民的一個階層,承
包耕種莊園地主
的田畝者。

❽1221年(承久
三年),朝廷利用
幕府內部發生糾
紛的機會,為奪回
政權,而與幕府之
間引起的戰亂。

失敗（正中之變）。但後醍醐並不因此氣餒，繼續密謀打倒幕府的計畫。
1331 年（元弘元年）4 月，因吉田定房密告而使日野俊基被捕。8 月，
後醍醐潛往山城國的笠置山。幕府遣兵將笠置山攻陷，將後醍醐流放
隱岐島（元弘之變），並處分參與計畫的人員。

　　後醍醐被流放後仍與本州各地的反幕府人員聯繫，終因楠木正成
等武將的勤王與幕府將領足利高氏的倒戈，而使鎌倉幕府滅亡。

第六章
武人社會與室町文化

第一節　南北朝社會的變化與民眾的成長

一、建武新政

　　當幕府倒下的消息傳到後醍醐天皇被流放的地方，後醍醐便出發返回京都，於 6 月到達，著手改革政治。他未抵達京都之前，即發布詔敕，廢除由鎌倉幕府所擁立的光嚴院，凡光嚴院所任命的官員與所授官階都一概予以否定，恢復他行幸笠置山以前之舊制，又廢關白之職而欲舉天皇親政之實。其作為新政的機構是「記錄所」。此一機構成為日本中世以來朝廷最重要的辦公處所，在此既調查與莊園有關的文書及處理重大的土地問題，也審理一般訴訟案件，所以在實施新政之初，任命通曉法律及對處理公務嫻熟的幹練人士擔任；同時，又以楠木正成、名和長年等能幹的武士為「寄人」❶。對諸國名主階層關係最密切的領土問題，則由

❶ yoryudo，平安時代以後，在朝廷的官衙記錄所、和歌所，鎌倉幕府的政所、問注所，室町幕府之政所、問注所、侍所等機構，擔任庶務、執事者。和歌所的寄人則負責評選和歌，也稱召人。

承繼鎌倉幕府之雜訴決斷所❷來處理，所以這個機構
便逐漸居於重要地位。並且為收拾時局，乃設「恩賞
方」，稍後又為防衛京都而設「武者所」，以新田義貞為
「頭人」（首長）。

　　在地方上則繼承鎌倉幕府的守護制度而與國司併
置，其職位由公卿、武士來擔任。此一事實既說明了國
司的守護化，也表示守護的公法化，故可認為是繼承鎌
倉封建制的發展。尤其奧羽和關東距離京都遙遠，又是
鎌倉幕府的根據地，所以特別留意對這些地方的鎮撫，
以重臣北畠親房之子顯家為陸奧守，使之奉皇子義良親
王駐守奧羽多賀的國府；又使足利尊氏（即高氏，因勤
王有功，獲賜天皇之名尊治之尊字，改稱尊氏）胞弟直
義任相模守 (Sagaminokami)，奉皇子成良親王衛戍鎌
倉。

　　後醍醐天皇的新政雖逐漸步上軌道，卻因足利尊氏
的背叛而土崩瓦解。其所以導致如此的原因在於公卿與
武士的對立，其實此次所以能夠打倒幕府使朝廷得以中
興，守護們的力量實起了決定性作用。相對的，公卿則
是以寺院、神社之力，乘武士內訌而樹立中興政府，然
其作為中興政府經濟基礎的莊園，卻經由此一動亂而為
武人所侵佔，所以如無武人的協助，實無法維持其政權。
也就是說，朝廷為打倒鎌倉幕府而一時獲得有勢力的守
護協助，但當那些守護為達成地方武士們的願望，為樹
立武人政權而開始活動時，中興政府自非瓦解不可。

二、室町幕府的成立

　　1335 年（建武二年），鎌倉幕府最後一個執權北條
高時之子時行在鎌倉舉兵（中先代之亂），欲奪鎌倉。

足利尊氏為討伐時行前往鎌倉，然後停留在該地，招集對新政不滿的武士，以討伐新田義貞為藉口豎起叛旗。翌年，足利尊氏進攻京都，曾一度敗北而逃至九州，但蓄勢後東上，在湊川（神戶）之戰擊破楠木正成的部隊進入京都。因此，後醍醐天皇所實施的新政僅僅三年便告夭折。

足利尊氏進入京都後，擁立持明院系統的光明天皇即位，幽禁後醍醐天皇。後醍醐天皇逃至吉野（和歌山縣），主張自己的皇位為正統。自此以後五十七年的時間，日本的朝廷分為京都的北朝與吉野的南朝，彼此對立，征戰不已，謂之南北朝時代。

當公卿政權分為南北兩朝之際，足利尊氏在京都的室町創設幕府，是為室町幕府（足利幕府）。此一幕府成立於足利尊氏制訂〈建武式目〉的 1336 年（建武三年，北朝延元元年），及在兩年後他昇任為征夷大

圖 26：足利尊氏木像　京都等持院有足利氏歷代將軍的木像，此木像為其中之一。等持院係足利尊氏 (1305–1358) 皈依夢窗疎石後興建。等持既成為尊氏的法號，該院也成為足利氏的家廟。相傳此木像造於室町時代 (1336–1573) 末期，而江戶 (1603–1867) 末期的勤王志士曾將此木像之頭部取下，梟首於京都三條河邊而轟動一時。

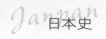

將軍之際。此一幕府無論在行政上或財政上均與鎌倉幕府有異，亦即在行政方面，幕府將軍為行政的最高負責人，綜理一切政務，其下置「管領」(kanrei) 以輔佐將軍，例由斯波、細川、畠山三氏輪流擔任，謂之三管領。管領之下有侍所、問注所、政所等機構。侍所的首長稱「所司」，例由山名、一色、京極、赤松四氏擔任，謂之四職，職司御家人的統制與刑事訴訟。問注所的首長稱「執事」，此一機構除保管幕府的紀錄、檔案外，也負責有關文書的誤謬、偽證、證件遺失等訴訟的審理工作，首長由鎌倉幕府的問注所執事三善氏的子孫世襲。政所的首長亦稱「執事」，此一機構主持幕府財政，並審理有關買賣、借貸、質押等問題，其首長初由二階堂氏擔任，後來改由伊勢氏世襲。

鎌倉方面設有「關東御所」，其下有「關東管領」。關東御所原由足利尊氏的長子義銓負責，後來改由次子基氏擔任，並由基氏的子孫世襲，管轄關東一帶及奧羽地方的一部分。此外，在九州設九州探題，東北地方設奧州探題與羽州探題，並於諸國置守護、地頭之職。

幕府的財政雖以御料所，即直轄地的收入為主，然因入不敷出，乃向在京都及其鄉近地區放高利貸的土倉（當鋪）、酒屋（釀酒業）課徵土倉役與酒屋役，並使各守護分攤幕府所需的經費（公事錢）。雖然如此，幕府開銷仍感不足，故又臨時向全國各地徵收棟別錢（房屋稅）、段錢（田賦）、關錢（通關稅）、津料（渡口稅）。至於向中國明朝派遣貢舶，也是幕府籌措財源的重要辦法。

室町時代武士的自立性已較前加強，但常以不斷要求減輕稅賦的農民為苦，因此利用地緣關係與鄉近諸國的武士團結起來，將農民置於自己的支配之下，並為維護、擴張自己的土地，接受守護支配成為其家臣，這種支配體制謂之守護領國制。守護勢力強大後，曾經發生明德之亂 (1391)、應永之亂 (1399)、永享之亂 (1438)、嘉吉之亂 (1441)等，使幕府的權威掃地。

三、社會的變化與民眾的成長

此時的農民為維護共同利益而已有自治的結合體
──「總」（總村）或叫鄉村的組織，定期開會以決定
村的行事與行動。然隨貨幣經濟的發達，釀酒業與典當
業愈益富裕，幕府則在各地廣設關卡徵收關錢（通關
稅），因此武士與農民多為債務所苦，導致「總」團結
農民們起而反抗，初時是採提出強烈要求以達到目的，
或採逃散方式，後來則手執武器來反抗──土一揆❸，
搶劫釀酒業、典當業者，以及要求免除債務的德政一揆。

就在社會擾攘不安中足利義政繼任幕府將軍，義政
不但未設法消除動盪不安的社會情勢，反而沉醉於酒池
肉林之中。義政原擬以其弟義視為繼承人，然在不久以
後，因生子義尚，致義視與義尚之間發生繼承之爭；前
此管領家斯波、畠山兩氏也發生相同問題，而有勢力的
幕府細川勝元又與山名持豐對立，這些問題糾葛在一
起，終於在 1467 年（應仁元年）分為東西兩軍，以京
都為主戰場，打了十一年之久的仗（應仁之亂）。戰後，
各地不斷發生農民與宗教信徒的暴亂，且產生下剋上的
風潮；此一風潮及於社會各階層，成為社會勢力交替的
徵兆。

當時的農作物，一年收穫兩次的情形已相當普遍，
已能利用稻草、草木灰、動物排洩物作肥料；都市近郊
已有人種植蔬菜等經濟作物；特產則有北陸之麻、苧，
四國之藍，宇治之茶，瀨戶內海沿岸的鹽等。隨著農民
生活水準的提高，手工業者已能獨立，紡織業則從中國
明朝移植技術，開始生產高級紡織品等。此外，長船、
鎌倉、美濃各地的冶鐵，美濃、土佐、越前、播磨等地

❸中世之武士或
近世農民之集團
與其鬥爭之型態。
一揆為方法相同
之意。鎌倉時代以
後，多武士之一
揆。武士之一揆由
血緣的逐漸擴大
成為地緣的。室町
時代，則農民為反
抗統治階層而發
動者增多，如土一
揆、馬借一揆、德
政一揆等。江戶時
代則演變成為農
民對領主的鬥爭。

的造紙，尾張的窯業等都有足觀者。至於商業，此一時期已有類似同業公會的組織——「座」，座的成員需繳會費「座役」，但可免除通關稅及享受獨佔販賣的特權，其較著者有京都北野社的麴座，祇園社的綿座、錦座；都市裡賣特定商品的市場有京都三條、七條的米市場，淀的魚市場等，更有攜帶各種物品至各地販賣的行商，及專門替人搬運貨物的運輸業，出租馬匹的「馬借」，以人力拉車運貨的「車借」，以及來往於各港口之間從事運輸的「迴船」等。

第二節　國際關係的新開展

一、南北合一

朝廷分為南北兩朝後，南朝重臣北畠親房以老朽之軀經略東國，擁戴義良、宗良兩親王從伊勢的大湊出發，但途中遇颶風，義良的船漂回伊勢（三重縣），宗良漂至遠江（Tōtomi，靜岡縣），親房則漂至常陸（Hitachi，茨城縣）。1337 年 8 月後醍醐天皇薨於吉野的行宮，由年僅十二歲的義良親王繼位，是為後村上天皇。親房原應立刻返回吉野輔政，因東國的情勢緊迫，無法離開，故於戰陣之間在常陸小田城撰寫《神皇正統記》，強調南朝的正統性，以供年幼的後村上天皇參考。1347 年（正平二年），楠木正成之子正行與其族人共同起兵，攻破在河內（大阪府）、攝津幕府方面的兵，翌年，陣亡於河內的四條畷。因行宮受幕府軍攻擊，後村上天皇乃遷至吉野深處的賀名生地方。

在此情形之下，南朝僅有懷良親王在九州獲菊池氏的擁護而稍有威勢，唯當懷良死 (1383) 後即一蹶不振，致足利氏的勢力幾乎風靡全國。當時南朝之所以未降北朝而長期與之征戰，在於吉野鄰近京都而地勢險要，與東國、西國的聯絡方便，而瀨戶內海與熊野的「海賊」❹曾為其奔走而貢獻了力量。復由於當時的守護大名相互爭雄的情形激烈，足利氏不僅無力壓制他們，反而陷於是非之中，致其本身內部也

不斷發生內訌。尤其足利尊氏與畿內及其周邊的新興武士階層為友，而其胞弟直義則統率傳統的御家人與之對立。他們兩兄弟間的對立，直至 1352 年（觀應三年）2 月（這年 9 月 27 日改元為文和）直義為尊氏所殺（觀應之擾亂），約有十五年之久。其間，曾與南朝作暫時的妥協，這當然對政治有很大影響。

就在這南北朝動盪不安之際，諸國的守護大名大肆侵略莊園，並統率小土豪擴張自己勢力，但隨足利氏的勢力增強而逐漸服從其統御，經尊氏之子義詮至其孫義滿時，幾乎全國都在足利氏的勢力之下。1391 年（明德二年），最強大的守護大名山名氏清被消滅，而南朝的氣數亦已將盡。一般民眾因長年蒙受戰亂苦，故渴望和平之早日到來。後龜山天皇有鑑於此，乃不顧自身的利害，決意與北朝言和。

❹日本中世，以海岸地帶及各島嶼為根據地，從事海上活動的地方豪族與其集團。海賊一詞雖含有原來的盜賊之意，但在中世時多半指水軍（擁有海上戰鬥力量的豪族），而以瀨戶內海至九州之間的海賊最著，如：備後（廣島縣）因島的村上氏、安藝（廣島縣）的小川氏一族、伊勢（三重縣）的九鬼氏等。

圖27：足利義滿畫像　其繪畫方式固屬「大和繪」，但顏面的表情卻屬頂像畫（肖像畫）風格。肉體豐滿，眼尾下垂，頗能表現義滿的風貌。貼在左上方的是書寫義滿所賦和歌三首的色紙，相傳這是當時的歌人兼書法家飛鳥井雅緣所寫。此畫當為義滿死後不久完成的。

❺自古以來作為皇位繼承信物而流傳下來的三種寶物,即:八咫鏡、草薙劍、八坂瓊曲玉,它們的來源見於《日本書紀》。因古墳經常有鏡、劍、玉等物品出土,故可能是古代豪族的傳家之寶,而它們成為天皇傳位的象徵,似乎是從七世紀開始的,如未獲傳,便被視為非正統的天皇。

在上述情形下,南北兩朝於 1392 年(元中九年,明德三年)議和,由北朝的後小松天皇接受三種神器❺。經多年的戰亂後,因吉野方面的敗北而使國內暫獲安定。其後,雖有擁戴南朝遺裔在吉野深處作亂(後南朝),但吉野的敗北,即是公卿勢力的全面敗退。由於公卿勢力被打倒,農村的中下層武士與農民便從古代的秩序中獲得解放。

二、對明貿易

元軍東征之際,中、日兩國間的關係曾有過短暫的緊張局面,然在不久以後,彼此之間的交通貿易又恢復正常。鎌倉幕府為籌措營造鎌倉建長寺的經費 (1325),室町幕府則為興建京都天龍寺 (1341),曾分別派遣商船至中國交易。日本西陲人士也前往朝鮮半島從事私人貿易,但遇到不順遂或貿易不利之際則往往採取搶劫手段,這種情形在十四世紀中葉以後逐漸顯著。中、韓兩國人將這類不法分子稱為倭寇。倭寇在初時只寇掠朝鮮半島,從 1363 年(元順帝至正二十三年)開始騷擾中國。明太祖朱元璋稱帝 (1368) 後不久即受他們侵害。因此從 1369 年開始,明太祖不斷遣使至日本,要求日本取締倭寇及遣使至中國以通友好,但始終未能達到目的。

日本與明朝揭開正式邦交序幕,是在 1401 年(應永八年,明惠帝建文三年)室町幕府第三任將軍足利義滿以祖阿為使之時。自此以後,室町幕府的歷任將軍都以「日本國王」名義向明朝皇帝稱臣納貢,由明朝皇帝賜予「日本國王」的金印及《大統曆》。足利義滿在世期間曾遣使至中國六次,頗能順應明朝要求取締倭寇,

並送還被倭寇所擄的中國男女與倭寇頭目。

　　為防倭寇，故當時的貿易船隻必須由國王所遣，而為辨別貢舶的真偽，明朝政府發給勘合，每改元換發一次，換發時須將未用完者悉數繳回。足利義滿死 (1408) 後，這項貿易曾中斷一時，至足利義教擔任幕府將軍以後方才復貢，直至 1549 年貢使回國為止，共遣十一次。義滿在世時，即明永樂年間的貿易為第一期，以後為第二期。第一期的貢舶貿易，明朝對日本的限制不嚴，故使船絡繹不絕。彼此之間的互動關係良好，日本的事大思想相當濃厚。第二期的貿易因幕府本身無法統御守護大名們及要求他們取締倭寇，所以派遣貢舶的目的唯利是圖；派遣貢舶者也由幕府轉移到寺院、神社、守護大名之手，最後為周防（山口縣）的大內氏所獨佔。此一時期所遣貢舶往往違反明朝十年一貢、船不過三艘、人員不逾三百的規定，一味要求增加朝貢次數、船數及人數，逐漸露出其經濟需求的目的。非僅如此，他們自寧波往返北京途中，也不時有從事走私、殺傷中國職官等行為，給明朝帶來不少困擾。自 1548 年所遣貢使於翌年回國後，因主其事的大內義隆為其部將所襲擊而自殺，朝貢貿易遂告中斷，但兩國間的走私則未曾停止。當時日本的主要出口貨是甲冑、硫磺、生銅、漆器、刀劍、摺扇、屏風，自明進口者則以絲綿、絲織品、銅錢、書籍、字畫、瓷器、藥材為大宗。

三、對朝鮮、琉球貿易

　　日本與朝鮮之間的貿易是從送還被倭人所擄的朝鮮人開始，與對明貿易幾乎同時。在整個室町時代，都是由九州探題、對馬的宗氏、薩摩（鹿兒島縣）的島津氏、周防的大內氏等日本西南的豪族，以及博多的豪商宗金等人派遣使節從事此一活動。其間，倭寇的侵擾仍未斷絕，故朝鮮曾於 1419 年（應永二十六年）遣船二百餘艘進攻被視為倭寇淵藪的對馬島（應永外寇），因宗氏竭力抵抗，並獲九州探題的支援而擊退。此一事件驚動了京師，後來得知朝鮮之所以攻擊對馬的目

的在征剿倭寇,對日本並無惡意,所以又重開貿易活動。然朝鮮為限制日本的貿易而採取種種限制,並發行通信符(勘合)及規定只能在乃而浦、富山浦及鹽浦三個港埠從事貿易及設倭館。後來因雙方的互動關係欠佳,爆發三浦之亂 (1510),導致朝鮮與對馬之間的關係斷絕。雖因幕府的要求,於兩年後重開貿易,但對馬宗氏每年所遣船隻被減半為二十五艘,且不准日本人居住三浦。在此情形下,日本人乃以走私方式出沒朝鮮半島沿海,騷擾地方。當時日本從朝鮮進口的重要物品為棉製品,出口貨則是銅、硫黃等。

此一時期的日本以博多為東亞貿易的轉口站,朝鮮與明的船隻皆至此,而琉球國船隻到博多者亦多。琉球商人又在九州南端的薩摩坊津與島津氏交易,同時日本商人前往琉球貿易者亦不在少數。那些日本商人把琉球人購自東南亞的貨物轉運至朝鮮與中國販售,這種朝鮮—日本—南方諸國之間的貿易關係,係從高麗末期開始,而琉球貿易船隊的活動也頗為活躍。他們每年以一定的組織前往中國及東南亞各地轉售瓷器、絲織品、日本刀、日本扇、硫黃等物,將香島群島的香料等物購回轉售給東北亞各國。

第三節　室町時代的文化

一、朱子學興起與五山文學

平安時代以公卿為中心的儒學式微以後,代之而起的就是以五山❻為中心的禪林❼儒學。禪林儒學與公卿儒學和以漢唐古註為研究對象者不同,係探討宋儒程

❻中世官寺制度所定禪宗寺院的格式,原為南宋的官寺制度,其住持由政府任命。日本有京都的天龍、相國、建仁、東福、萬壽五寺,鎌倉的建長、圓覺、壽福、淨智、淨妙五寺,及五山之上的京都南禪寺。

❼又稱叢林、旃壇林,樹木叢聚之林的意思。僧眾和睦住居一處,有如樹林之靜寂。

顥、程頤、朱熹等人所倡導的性理之學，並採朱熹新註的精神——儒、釋兩教一致說，此乃將中國禪林儒學之風原原本本的移植所致。

成為五山文學的前驅者為奉元成宗之命，於 1299 年（正安元年）持詔東渡招諭日本未歸的舟山普陀山僧一山一寧，與出自其門下的虎關師鍊、雪村友梅。此一學術從南北朝時代至室町時代前期頗為興盛。其師出虎關之門，赴元學佛東歸後歷住萬壽、建仁、建長諸寺，及師出夢窗疎石之門的義堂周信、絕海中津等僧侶皆被視為代表人物，他們無不擅長中國詩文。唯五山文學至室町時代後期，隨著幕府權威掃地而式微。

如從五山文學前後約二百五十年的變化觀之，則可將它分為前、中、後三期，而其顯著變化就是由初期禪僧如希玄道元、夢窗疎石等，從禪為第一，詩文為俗人之事而加以否定的態度，逐漸趨向於中期義堂周信等僧侶持詩文亦為助道的肯定論。迄至後期，橫川景三、桂菴玄樹、萬里集九等則認為參詩如參禪而出現詩禪一味論，從而步向肯定詩文的本身。其間，他們所作詩文也從純中國式，亦即其作品由難與中原人士分軒輊者，逐漸轉變成為帶有所謂「和臭」❽者。

五山文學盛行時期，《三體詩》、《古文真寶》等書曾被廣泛閱讀，同時，他們也多批閱杜甫、蘇軾、黃庭堅等人的詩文集，並且有不少註釋書——「抄」問世。其蒐集五山禪僧的作品編輯成叢書者有上村觀光的《五山文學全集》五冊，及玉村竹二的《五山文學新集》七冊。在文學史方面有上村觀光著《五山文學小史》，北村澤吉著《五山文學史稿》等。

❽和，就是日本，和臭即具有日本風味的特殊傾向，即無法撰著與中國人之著作品味完全相同而具有日本人風格的作品。

二、文　學

　　此一時代的詩歌除和歌外，一人吟詠一句的連歌開始流行，逐漸普及於武士及一般民眾之間，在應仁之亂後迎接其全盛期，飯尾宗祇等人曾以其精練歌技的造詣，蒐錄連歌二千餘句輯成《新撰菟玖波集》二十卷。當連歌普及後，逐漸拘泥於形式而類型化，遂有山崎宗鑑以滑稽、灑脫為宗旨的非俳諧連歌的誕生，而宗鑑撰有約三百句的《犬筑波集》一卷。

　　在動盪不安的南北朝時代，政治情勢也反映在文學或史書方面，除前舉北畠親房主張南朝正統性的《神皇正統記》外，尚有以仲恭天皇等為中心來論述承久之亂當時歷史的《增鏡》，從南朝立場來論述南北兩朝爭鬥的《太平記》，及從反對北朝立場論述足利政權成立期歷史的《梅松論》；將民間所傳承英雄傳說予以文學化者有《曾我物語》等。

　　此一時代公卿的學問趨向於「有職故實」❾和古籍研究。一條兼良以博學著稱於世，遺有《文明一統記》、《樵談治要》、《桃花蕊木葉》、《花鳥餘情》、《日本書紀纂疏》等著作。吉田兼俱為謀神道界的統一，乃以《日本書紀》及其他古典的研究為基礎，將陰陽五行說附會於神佛思想而創吉田神道（亦稱唯一神道、卜部神道）。此外，《源氏物語》、《伊勢物語》、《古今集》等亦有人研究，而三條西實隆對《源氏物語》、《伊勢物語》所作講解與校勘的成就亦有足觀者。

　　除上述外，在室町中期以後又普及「物語」式作品，以「御伽草紙」❿為代表。那些作品雖是為童蒙撰寫的通俗短篇讀物，但均帶有宗教的神秘靈驗奇蹟，表示對

❾ 有職（yūsoku）指有關官位的昇遷、職務的內容、年中行事等前例的知識，研究此一方面的學問叫有職故實。

❿ 根據民間傳說所寫之富於教訓的故事，因十八世紀前半葉時大阪書商澀川清右衛門以「御伽文庫」為名刊行此一方面的著作而得名。

貴族生活的憧憬，顯示此一時代民眾思想的傾向；不過
也有如「福富草紙」或「鰯賣草紙」標榜有一技之長者
能獲榮華富貴。這類作品大都與繪畫配合，以畫軸方式
廣為流行。

三、美術工藝

　　這個時代的繪畫因公卿社會的沒落而式微，畫軸也
流於形式而鮮有生氣。畫家們都把重點放在偶像崇拜
上，復因佛教新興宗派的傳播與舊佛教的停滯不前，故
佛畫、佛像的製作亦不興盛，僅佛像雕刻較有生氣。與
此相對的，以禪宗為中心崇拜中國文化的風氣昂揚以
後，宋、元的繪畫風格便為大家所喜愛，學習宋、元水
墨畫者不少。當時他們所喜愛的畫家有牧谿、夏珪等，
故他們的作品被帶到日本者甚多，此可由紀錄足利義滿
所收藏宋、元書畫的目錄《御物御畫目錄》窺見其端倪。
由於當時的日本人士特別喜愛宋、元字畫，自然產生了
一批以畫僧為主的畫家，京都東福寺的吉山明兆、相國
寺的大巧如拙為其前驅。他們所畫者主要為禪宗所尊崇
的達摩、羅漢、仙人等道釋人物，繼則繪畫中國山水。
直到雪舟等楊隨貢使至中國，目睹並接受中國山水的薰
陶以後，方才開拓其自我境界，以淡彩為主的水墨畫遂
渾然天成。迄至室町末期，繪畫界興起復古風潮，土佐
光信採漢畫手法，以復「大和繪」 ❶；狩野正信、元信
則利用水墨畫強有力的線描與「大和繪」濃厚的色彩，
開創了狩野派。

　　工藝方面，瓷器製造業隨著茶道而發達，當時除從
中國大量進口外，也有人前往中國學習製瓷技術，在九
州伊萬里地方開窯。金工方面則以後藤祐乘的刀劍裝飾

❶亦寫作倭繪，與
唐繪相對的日本
畫。繪就是圖畫。

圖 28：書院造　此圖係京都慈照寺（銀閣寺）東求堂同仁齋。東求堂是室町幕府第八任將軍足利義政 (1436–1490)，於 1486 年（文明十八年）建於東山山莊的持佛堂。同仁齋是在該佛堂之東北隅的四疊半（2.272 公尺見方）房間，係義政的書房。因房中有炕爐，似乎也在此喫茶。

圖 29：枯山水——大仙院庭園　在一百平方公尺的狹窄院子裡，配置一百個以上的石頭來表示深山幽谷之趣。後面的立石為瀑布，白沙則表示流水。此係枯山水的代表作。

最為著名。

　　建築方面有從上流社會的住宅建築，和公卿、寺院的書齋變化而來的「書院造」。所謂書院，本來是在走廊建有明亮窗櫺以便讀書之用的小室。不久，附有這種小室的房間也叫做書院。並且把這種建築統稱為書院造。發達以後的書院造，係以紙門隔間，在房中鋪蓆子，並用各種裝飾來點綴各房，一如目前的日式住宅。足利義滿所建金閣與足利義政所築銀閣，都採納禪宗建築的模式。至於庭園，則有金閣及只以沙石所建銀閣，它們雖各為北山文化與東山文化的代表遺跡，但金閣是寢殿造，銀閣則是樹、石而不用水來表現瀑布與水流的「枯山水」。枯山水以京都大德寺大仙院、西芳寺、天龍寺等的庭園為著。

四、風俗與地方文化

自從茶樹被傳至日本後，至南北朝時代，飲茶習慣已大為普及，出現飲各種茶以分辨其產地的「鬥茶」遊戲。十五世紀後半，村田珠光整備了茶道的形式，至戰國時代武野紹鷗將它提昇更具藝術性。在花道方面，池坊專慶在室町時代中葉確立以立花為主的插花（花道）。

應仁之亂時，京都有些公卿與僧侶為避戰亂而逃至地方，亂後各「大名」除致力經營領國外，也基於對京城文化的仰慕，乃歡迎流浪於地方的公卿、僧侶至他們的領國，這對提高地方文化的水準發生一定的作用。尤其周防的大內氏迎接許多公卿、學者、文人、僧侶，致山口有小京都的令譽。曾隨貢使至中國的桂菴玄樹則受島津氏之聘在九州薩摩講授宋學，成為日後的薩南學派；南村梅軒在土佐（高知縣）講授宋學，有南學（亦稱海南學派）之祖的美稱。關東方面有經由關東管領上杉憲實整頓的足利學校成為文教中心。由於讀書風氣的提高，從中國福州等地聘請刻工製版，出版了不少圖書（五山版），大內氏亦出版《論語集解》（正平論語）等。武士與一般民眾子弟大都在寺院接受教育，以《庭訓往來》、〈伊呂波歌〉等為教材，教師則由寺院的僧侶來擔任（寺小屋教育）。

Japan

第 III 篇
近　世

第七章
幕藩體制與近世文化

第一節　織豐政權與桃山文化

一、群雄割據

室町時代的守護大名大都住在京都參與幕府政治，並不直接治理領國（任國・分國），故無法確實掌握自己領國內的武士們。因此，從應仁之亂前後起，以下剋上及「總」的發展為背景，支配領國的實權便旁落於有實力的家臣之手，不久以後，割據各地的群雄為統一全國而一再發動戰爭，此一時代叫做戰國時代（1467–1567，即從應仁之亂爆發後至織田信長進入京都為止）；戰國時代的大名稱為戰國大名。戰國大名較著者有小田原（神奈川縣）的北條早雲、氏綱、氏康祖孫三代，將關東大部分地區置於其支配之下，越後（新潟縣）的上杉謙信，甲斐（山梨縣）的武田信玄，尾張（愛知縣）的織田信長，周防（山口縣）的毛利元就，四國的長曾我部元親，九州的島津氏，東北地方的伊達氏等。其由守護大名轉為戰國大名的只有武田、今川、大友、島津四氏，其餘多是居住於國衙領的有力名主──國人 (kokunin)。

戰國大名以領國內小領主階級的武士為家臣，給予實際管理、收租之地，而要求他們對自己的忠誠。家臣團則以有力的家臣為「寄親」(yorioya)，「寄親」以一般家臣為「寄子」(yoriko)，將他們編成軍事組織，其下更有身分較低的士兵——足輕(ashigaru)。

在農村方面，為保障農民的耕作權而禁止任意使役農民，且為振興農業而從事治水與灌溉設施的建設及丈量田畝（檢地），並利用「總」的組織，加強農民們的連帶責任，以掌握領內所有的土地與農民。

戰國大名們為確保經營領國的財源，也開發礦山，如中國地方的鐵砂、石見(Iwami，島根縣)的大森銀礦、但馬(Tajima，兵庫縣)的生野(Ikuno)銀礦、甲斐(Kai，山梨縣)的黑川金礦、越後(新潟縣)的高根金礦等。與之同時，也為使商品能夠流通於各地而裁撤各處的關卡，及整備驛站（宿驛）及傳馬(Tenma，運輸用馬匹)之制，使商人能夠自由買賣而不受「座」的限制（樂市、樂座）。

戰國大名為統御其家臣與領國而多制訂自家法令——分國法，如今川氏的〈今川假名目錄〉，大內氏的〈大內氏壁書〉，伊達氏的〈塵芥集〉等。其中包括嫡子的單獨繼承、打架雙方均要制裁、農民繳納田賦問題等，如違反其規定，則會被處以火刑、鋸刑等酷刑，有時也會禍及親戚朋友。

二、 日本國內的統一

戰國時代乃弱肉強食之世，在此嚴酷的情勢下使國內步上統一之路的是織田信長。織田誕生於尾張「守護代」之家，他於1560年（永祿三年）在桶狹間（愛知縣）擊敗率領大軍來襲的今川義元後，以破竹之勢兼併四鄰各國。並且於戰場利用當時東傳日本不久的鐵砲（洋槍），擊敗強敵而嶄露頭角。他一方面從事征戰，一方面又為使貨暢其流，逐漸廢除中世以來在各地設置的許多關卡與座，而實施樂市與樂座，並廢除莊園及向皇室表示其忠誠。然在1582年6月未統一全國之前，竟為其部將明智光秀所襲擊，傷重自殺而死，年四十九（本能寺

之變）。

　　織田信長的志業為其部將豐臣秀吉所繼承。秀吉原是尾張中村的「足輕」之子，初名木下藤吉郎。他生性富於機智，仕於信長，因其才幹，逐漸被提拔為部將，以其獨特的手段懷柔地方上的土豪。因仰慕柴田勝家與丹羽長秀兩位武將，遂各取其姓氏之一字，將姓由木下改為羽柴，此係十六世紀七〇年代之事。織田信長死後，秀吉繼續經略全國，於 1585 年（天正十三年）7 月被朝廷任命為關白。翌年 12 月，為太政大臣，因正親町天皇賜予新姓，乃改稱豐臣秀吉。隔年，平定九州，全國遂告統一。

　　織田信長與豐臣秀吉在確立集權封建制的過程裡，曾實施種種新政策。信長雖仿今川氏與北條氏等隨著領土擴大，命領主提出記載土地之面積、耕作者及收穫量的報告書——「指出」(sashidashi)，秀吉則於 1582 年以後丈量全國田畝（太閣檢地）。在丈量田畝時，統一測量的標準，並將全國各鄉村的田園、宅地分為上、中、下、下下四個等級，然後根據等級估算其產量以決定稅額，且以耕作該土地的農民為納稅義務人，及以每村為單位製作紀錄上述各項的「檢地帳」，而單位面積的產量就成為農民擔負稅賦與勞役的標準，也從而確定一地一耕作者的原則，完全排除了莊園的複雜統治關係。同時，農民也禁止遷移，被拴在自己耕種的農地上。

　　前此，農民與武士未必分得很清楚，為了自衛，農民亦可持有武器。秀吉為確立封建制度，使兵農分離，乃以鑄造營建京都方廣寺需要釘子、鉋子的鐵材為理由，於 1588 年（天正十六年）發布〈刀狩令〉，命農民、寺院繳出刀、槍、鐵砲及其他各種武器。結果，兵農與農商被分離，武士與工商人士居住「城下町」，農民則必須在農村落地生根。繼則於 1591 年發布〈身分法令〉，以求固定士、農、工、商的身分制度。

　　在宗教方面，除削弱佛教寺院的經濟力量外，也將它們納入自己的統制之下，基督教則於 1587 年禁止傳教及其信仰。交通方面係先除

去關卡，然後致力修築道路，架設橋樑，規定一里為三十六町❶（等於三千九百二十七公尺），並於主要道路豎立里程碑——「一里塚」。秀吉也曾鑄造金幣、銀幣、銅幣。

值得注意的是秀吉曾於 1592 年、1597 年兩次發動侵略朝鮮的戰爭（文祿之役、慶長之役），結果，因秀吉病歿而結束。在此長達七年，前後兩次的戰爭裏，除朝鮮大量的圖書、活字印刷術、窯業技術東傳日本外，不僅使朝鮮人陷於痛苦的深淵，也加速了豐臣氏的滅亡。

三、桃山文化

織田、豐臣政權時期也稱安土、桃山時代，故其文化叫做桃山文化❷，此一文化可以絢爛豪華來形容。此一時代乃步向近世的開花期，係由織田信長、豐臣秀吉、德川家康等與既成貴族社會無緣的武將領導階級所開拓的時代。當時堺（大阪府）的豪商代表具有國際視野的經濟界人士，與武將們深入來往，遂創造此一躍動的經濟社會，在其根柢則有民眾堅實而充滿朝氣的生產在開展。人們的價值觀已經發生很大的改變，無論文化、藝術、技術、武器，均超越傳統的束縛，助長此一形勢者還有歐洲文化的東傳。

象徵桃山文化者為城堡建築，安土城、大阪城、伏見城可為代表。這些城堡都附有天守閣（天主閣，城樓），此兼具辦公室與住家的城堡，除防禦工事的「平城」外，其外圍有數道護城濠與石垣高築，雄偉壯麗，乃城主權力的象徵。「書院造」的住宅建築普及，內部有欄杆等裝飾雕刻，在牆、天花板、紙門、屏風繪畫花鳥、山水

❶ 以六尺三寸（約一九一公分）四方為一步，三十步為一畝，十畝為一反，十反為一町。

❷ 織田信長居住安土城，豐臣秀吉則在晚年居住伏見城（此地後來稱桃山），故有此稱呼。

等色彩濃麗、雄渾的障壁（障屏）畫或水墨畫。畫家有
狩野派的狩野永德、狩野山樂等，水墨畫則以長谷川等
伯、海北友松、雲谷等顏等為著。隨著都市的發達，一
般民眾的風俗也成為繪畫的題材，出現「洛中洛外圖」、
「職人盡繪」、「祭禮圖」等畫作，也有以南蠻人❸為題
材的南蠻屏風問世。雕刻方面則在欄杆的金屬器具、日
常用具、刀劍裝飾方面有傑出作品，以本阿彌光悅最為
有名。演藝方面以「阿國歌舞伎」和千利休的茶道為代
表，前者是出身出雲（島根縣）的阿國介紹「阿國歌舞
伎」，後者則受禪宗的影響，完成以簡樸、閒寂為旨的
茶道。當時的民間流行豐年舞，其傳自琉球的三味線（三
弦琴）已成為大眾化樂器，並流行「隆達節」等小調。

❸日本人根據中
國華夷思想而來
對東南亞一帶的
稱呼。

①

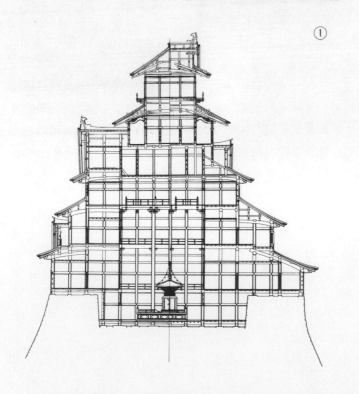

②

圖30：安土城天守斷面（截面）圖與其東側立面圖　①天守斷面圖：安土
城係戰國武將織田信長所建的城堡，從地下層至石垣上三層，共四層，有
高達二十公尺的特殊通風空間。在地下層中間置寶塔，從第二層開始，舞
臺懸於空中，第三層架著附有欄杆的橋樑。織田信長似乎十分享受這通風
的空間。通風的空間在洋房建築裡雖多，但日本的傳統建築卻無，這可認
為是織田信長所受南蠻文化的影響。又，寶塔係《法華經》所謂佛教宇宙
觀的根源建築，因此，它被設於安土山上的天守，當有代表「天下布武」
的核心意味在。②天守東側立面圖：此係根據《天守指圖》予以復原。在
外觀上雖有五層的屋頂，卻完全不對稱，呈現複雜的結構。它與後世對稱
性強烈的姬路城、名古屋城等大異其趣，謂之「初期望樓型」。

圖 31：姬路城 姬路城位於兵庫縣姬路市，是祿額五十二萬石的大名池田
輝政花八年時間建築，完成於 1609 年（慶長十四年）的城堡。此城堡屬於
平山城，建於姬山山麓，有螺旋狀護城河，大天守與三座小天守之間用渡
櫓來聯結，具有環立的天守形態。它反映城郭建築技術最進步的時期，其
結構頗得變化之妙。因城壁係白色，故有與白鷺城之名相符的清新之美。
它是日本近世城郭的核心，在一座城堡裏的最高部分，係由戰國時代設於
屋頂上之望樓發展而成。因在天守之上層奉祀梵天、帝釋等神祇，故又名
天主。

第二節 幕藩體制的成立與鎖國

一、江戶幕府的成立

德川家康為三河國（愛知縣）岡崎城主松平廣忠的長子，幼名竹
千代，初名元信、元康，後改為家康。六歲時為尾張國織田信秀（信
長之父），繼則為駿河國（靜岡縣）今川義元的人質。1560 年（永祿

三年），義元與織田信長在尾張桶狹間作戰陣亡，乃離開今川氏回到岡崎。後來他先後與織田、豐臣兩氏相互合作，助他們擴張勢力，本身則在東海地方鞏固勢力。1590 年（天正十八年），小田原的北條氏被秀吉消滅後，家康的領地被移至關東，於江戶（東京）構築城堡，成為領有二百五十萬石的最大「大名」。秀吉死後，成為五大老❹之首，由於指揮侵略軍自朝鮮撤退而提高了政治地位。五大老之一的石田三成因此感到不滿，乃與五大老上杉景勝等謀，於 1600 年（慶長五年）邀集反對家康的諸大名，與家康所率領的大軍戰於美濃(岐阜縣)之關原（關ケ原）交戰而見敗（關原之戰）。戰後，家康對有戰功的大名增加其領地，對戰敗的大名則沒收其土地（改易），或予以削減（減封）。與之同時，又有許多大名的領地被移動（轉封）。1603 年（慶長八年），家康被朝廷任命為征夷大將軍，在江戶開幕府，是為江戶幕府。自此以後至 1867 年約二百六十年間謂之江戶時代。1605 年，家康把將軍職讓予其子秀忠，退隱後遷至駿府（Synpu，靜岡縣），以「大御所」掌握實權。關原之戰後，秀吉之子秀賴雖已變成祿額僅有六十五萬石的一介諸侯，但尚擁有秀吉所遺留的大阪城與財富，及在許多諸侯與公卿之間的威信，故其存在對幕府仍是一種威脅，家康遂以方廣寺鐘銘為藉口，於 1614 年（慶長十九年）冬，及 1615 年（元和元年）夏，兩次舉兵攻打大阪城（大阪冬之陣、夏之陣），使秀賴自殺，消滅了豐臣氏。

　　家康死 (1616) 後，二元政治的型態隨之消失，駿府的機能為江戶的將軍所併，秀忠方才成為名實相符的將軍，幕府政治乃迎接新的局面。秀忠為統御諸大名，常

❹豐臣時代的職稱，位於五奉行之上，綜理政務。

以種種藉口，或趁其有若干過失，即廢除其大名的身分
——改易，在其主政期間被改易者多達四十一人。不僅
如此，他更藉故將成為自己繼承將軍之對手的胞弟松平
忠輝貶為庶人❺，並將己子分封於要衝，使德川氏一門
擔任大名者逐漸增多，成為支持幕府之穩固基石。大名
有關原之戰以前即屬德川氏的「譜代大名」，與關原之
戰後才服屬的「外樣大名」。

二、幕藩體制的確立

德川家康在世時，江戶幕府的基礎已大致奠定，其
真正確立體制則在第三任將軍家光之際，尤其在鎖國以
後。幕藩體制❻的基礎就是領土，德川氏所能收的田租
約七百萬石，佔全國總租額三千萬石的四分之一。其中
幕府的直轄地（天領）約四百萬石，其餘三百萬石主要
為旗本❼、御家人的領土。天領多在關東地方，相當於
總祿額四分之一的百萬石，其他則分散於駿河、遠江（靜
岡縣）、參河（愛知縣）、甲斐（山梨縣）、信濃（長野
縣）的舊領地及近畿地方。

德川氏除擁有廣大的土地外，無論國內外都掌握著
商業與貿易。幕府把在政治上、經濟上居重要地位的都
市作為自己的直轄地，管轄佐渡、石見、伊豆等地的礦
山，且掌握著貨幣的鑄造與發行權。此外，除多種附加
稅、國役金等經常、臨時收入外，尚有諸侯所獻的金錢、
冥加金（雜稅）等，而隨對外貿易而來，收購舶來品所
獲的利益亦不能忽視。因此，幕府是以遠較諸侯豐厚的
收入來充實足以壓制諸侯的軍備。

江戶幕府的組織遠較前代複雜，幕府政治的最高決
策者為將軍，他以國王的權威面對封建大名（諸侯）。

❺忠輝係德川家
康的第六子，1598
年繼承三河松平
家，成為武藏深
谷、下總佐倉（四
萬石）、信濃川中
島領主（十八萬
石）。1610 年成為
越後高田藩主（六
十一萬石）。以未
參加大阪夏之陣
為由，不僅被貶為
庶人，還被終身軟
禁。1683 年歿。

❻在中央統一政
權的江戶幕府統
制下，擁有領國之
藩的統治機構的
政治體制。

❼江戶幕府的家臣
團中，祿額在萬石
以下而有資格謁見
幕府將軍的上層武
士，佔總數約五千
二百名中的四成，
其餘屬御家人（祿
額五百石以下）。

圖32：德川秀忠畫像 德川秀忠係家康之第三子，1605年（慶長十年）擔任江戶幕府第二任將軍，在家康之下為奠定幕府基礎而努力。家康死後，為統御諸大名而顯示其果斷的氣魄。1623年（元和九年）把將軍職位讓予其子家光，但仍致力於統御諸大名，以加強幕府的權力。創業期的近臣政治式微後，在江戶幕府的機構裡，由將軍的近臣執政，是從秀忠擔任將軍的時期開始。

奉將軍之命實際發號施令的地方叫「御用部屋」，「家老」（大老）、「年寄」（後稱老中）、「若年寄」等重臣在此議政。幕府的組織如下：

中央：

    大老：臨時性的最高職位，遇有必要時才任命。由譜代的名門土井、堀田、井伊諸家擔任，員額一人。

    老中：由祿額二萬五千石以上的譜代大名遴選，員額五至六人，指揮三奉行，職司一般政務。

    大目付：老中的耳目，監察各職官的作為。

    寺社奉行：管理寺社及寺社領地，裁判關東以外地方幕府直轄地的訴訟。

    江戶町奉行：分南北兩奉行，管理江戶市區及負責裁判、檢察、保安等。

    勘定奉行┬勝手方：統轄郡代、代官，職司租稅的收納及會計工作。

            └公事方：裁決幕府關東直轄領內的訴訟問題。

　　若年寄：由譜代大名遴選三至五名，管理旗本、御家人及職司江
　　　　　　戶城中的事務。

　　目付：隸屬若年寄，監察旗本、御家人的行為。

地方（遠國官員）：

　　遠國奉行：京都所司代、大阪城代、駿府城代、甲府城番支配、
　　　　　　　伏見、長崎、佐渡、奈良、山田、新潟、下田、浦賀、
　　　　　　　堺、日光之各奉行等。

　　遠國代官┬郡代（管轄範圍廣大的天領）：如關東郡代、美濃
　　　　　　│　　郡代、飛驒郡代等。
　　　　　　└代官（管轄範圍狹小的天領）。

　　由此組織，可知：

　　1.將軍的獨裁制濃厚，幕府的重要職務都由祿額少的譜代大名與
　　　旗本擔任。

　　2.行政與司法的界限難分，最高裁判採老中、三奉行、大目付的
　　　合議制。

　　3.所有職制均為軍事編制。

　　4.因多採合議制與按月輪流制，故個人的意志難以貫徹，職責難
　　　分，但政權不會傾向某方。

　　5.監察機構發達。

　　隨著幕政機構的整備，幕藩體制也逐漸完成，放寬對大名的管制，
不僅減少了大名的「改易」，移封情形也顯著減少。這種情形在外樣大
名的移封上有顯著的改變，使他們都能固定於一地，而無論譜代或外
樣，其領國也都固定，從而確定全國郡、村的區域及領地界線。

三、鎖 國

　　幕府為加強其政權,乃掌握重要都市與統制商業及對外貿易。1604年（慶長九年）幕府以堺、京都、長崎等地商人為主體組織「糸割符仲間」,以定葡萄牙商人運來鹽絲的價格,並給予統一購買的權限。後來這個辦法也及於中國和荷蘭商人運來的鹽絲,故對貿易的統制越來越嚴,終於成為鎖國的重要因素。

　　隨著對外貿易的興盛,基督教的傳播也逐漸普及全國。然因其教義與封建體制發生矛盾,故曾於 1612、1613 兩年禁止該教的佈道,驅逐西班牙、葡萄牙兩國的傳教士,並嚴厲處罰不肯改教的信徒。家康死後,秀忠將貿易統制與禁教政策結合在一起,於 1616 年（元和二年）重申禁教令,並禁止中國船隻以外的一切外國船隻在長崎、平戶以外的港埠交易。1635 年（寬永十二年）則禁止無渡航證明的船隻出港,不准居住國外的日本人返國,限定中、葡兩國船隻只能停泊長崎,並禁止葡萄牙人與日本人雜居。四年後驅逐葡萄牙人,並禁止他們東來,荷蘭人則命其移居長崎的出島。此 1635 年與 1639 年的禁令,合稱為「寬永鎖國令」。幕府的鎖國政策除禁教外,實尚含有限制貿易以防日本銀大量流出,及預防西南大名因貿易而富強的意圖。

第三節　產業經濟的發達與都市的興隆

一、農村生活

　　近世初期被記載於檢地帳的百姓（農民）只有作人,即地主的本百姓(自耕農),其實尚有許多未被登錄的農地耕作者與小作人(佃農)。窮困的農民往往被具有高利貸性格的地主兼併,被冠上「名子」(nago)、「被官」、「間人」(moudo) 等名,除繳納實物的地租外,每年尚須繳數十日分的勞動地租。在農村裏最能表示其身分階層的就是家世觀念,

區分家格的高低就是其所擁有土地面積的大小。世家不僅獨佔村中幹部的地位，且對村中各種行政有強大的發言權，也有利用灌溉用水等公共設施的優先權。

江戶時代的農民所須繳納的貢賦有：

1. 本途物成：田、園的正稅，稅率四公六民或五公五民，園租多繳現金。

2. 高掛物：為充當驛站的交通設備、幕府的倉庫與夫役的費用，按田、園產額分攤的雜稅。

3. 小物成：以農民的副業、領內的特產、山野池沼河川的收益為對象課徵者。

4. 國役：為諸國河川的土木工程、日光法會（家康葬於日光東照宮）、接待朝鮮使節等費用，臨時指定某國負擔者。

此外，諸藩尚有許多雜役，故一般農民的負擔較天領的農民為重，而其課徵又隨領主的意思來決定，故其稅制係以武士為本位者。當時不僅對農民的繳稅問題有詳細的規定，且於 1643 年（寬永二十年）發布田園〈永代賣買禁止令〉，及在 1673 年（寬文十三年）發布〈分地制限令〉，禁止一般農民的土地買賣及將土地分割至一町以下來繼承，對農民的限制甚多，農民的生活痛苦。家康所謂：「不要讓農民吃飽，吃飽了不耕作；不要讓農民餓死，餓死了沒人耕作」，最能表示當時農民的苦況。

江戶時代的農民約佔全國人口的八至九成，社會的主要生產是農業，仍受自然經濟的支配。此一時期的農業特色在於經營規模狹小且與手工業結合，故家庭裏的手工業與戶外的農耕，同為農民自給自足生活的支柱。他們每當遇到需要許多人協助的工作，如插秧、除草、收割時就彼此幫忙，幕府、諸藩也巧妙利用他們的這種生活情形，使其農村統治收到宏效。

二、產業的發達

當時的農業灌溉以踏車取代龍骨車，後期則從荷蘭輸入幫浦。肥料除草木葉、廄肥外，也利用肥效較快的各種油渣等，而收穫時所用的器具也都較前進步。在城堡或其他都市附近也有以都市為對象的蔬菜類商品化，甘藷、馬鈴薯、玉蜀黍、南瓜、四季豆、西瓜等也被種植於全國各地。橘子、葡萄、麻、木棉、桑、藍、楮、漆的栽培亦已相當普遍。這種商品作物的栽培使貨幣經濟進入農村，從而產生富農，導致農村的階層分化愈益顯著。

鑑於建築上的需求，幕府諸藩皆留意造林，種植楮、櫨等。水產業則隨技術的發達與市場的需要，漁業規模變大，開始以網捕魚，而已有專門捕魚的漁村出現。也有資本雄厚的漁業家在蝦夷地方從事捕鮭魚、鱈魚等；北海道的海帶，江戶的海苔採集亦頗盛；而赤穗、撫養 (Muya)、行德 (Gyōtoku) 等地的鹽也相當著名。

礦業方面有佐渡、石見、伊豆的金銀礦開發，足尾、別子的銅，背梁山脈、釜石的鐵，筑前、三池、唐津的煤等開採，開採技術也都較前進步。

工業則在近世初期，幕府與諸藩為滿足其奢華生活與軍事上的需要，將農村的手工業者集中於都市加以培養及保護。因此，手工業以都市為中心發達，滿足統治者的需要。隨著庶民生活水準的提高，為因應其需求而生產各種產品。在農村方面，副業的手工業生產普及，且由於交通的發達與諸藩的獎勵國產，出現地方性的分業集中化，在此情形下，相繼出現名物、名產、國產物品。有些藩則為補充財政的不足，從文化、文政年間 (1804–1830) 開始採用專賣法，獨佔商品的生產或購買，由藩提供原料以周轉資金（藩營專賣）。雖然江戶末期的工業已發展，但大多數的特產仍難擺脫原始產業的產品，故工業產品只有紡織品、酒、漆器、銅器、紙、蠟而已。

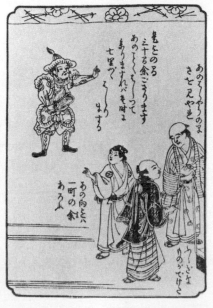

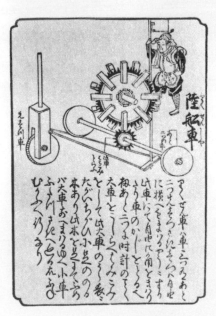

圖33：陸船車　江戶時代，解說機動裝置而頗受大眾歡迎的圖書《璣訓蒙鑑草》，上卷將二十八種藝題用「繪草紙」（江戶時代以圖畫為主的大眾化讀物）方式來介紹，下卷則將它圖解，而「陸船車」也是其中之一。此為一日四十餘里，一小時七里速度奔跑的快速車，相當於時速十四公里，與自行車的速度大致相同。當踩附有大齒輪的踏板使之回轉時，就會帶動小齒輪與同軸輪的車輪旋轉。它雖尚無法實際利用，但也表示齒輪裝置除鐘錶與倒茶人偶外，也開始應用於以水車為動力的產業技術。

三、都市的興隆

寬永年間實施鎖國政策以後，日本商業向海外發展之途被堵塞而無法順利發展，然因農業的集約化與家庭工業的發達，使得人口增加及武士集中都市，故國內市場的開發已有相當的進展。隨之而來的就是都市的興隆、交通的發達及貨幣的流通。

早在近世之初，諸侯為謀各自領內的富強，乃保護工商業並使人口集中於都市，結果，城堡都市（城下町）、港埠（港町）、驛站市鎮（宿場町）、寺社門前市（寺社門前町）開始發達，尤其諸侯對自己的軍事、政治據點給予種種的特權，所以它便自然成為領國的經濟中心。而城堡都市的規模大小，與大名祿額的多寡大約成正比。名古屋與金澤的人口在十七世紀末約有六萬，廣島則在三萬以上，至於江戶，約有一百二、三十萬。

與此相對的，商業都市當以大阪的規模為最大，四十五萬人口中約有一萬以上的「問屋」（tonya，批發商）與仲介人，被視為是商業、金融業的中心。京都因是天皇居住之地而具有特殊性，它繼承宮廷工業的傳統，成為工藝都市而發達，人口約有三十五萬。其他商業都市有堺、濱松、八幡、高岡、桐生、足利等，港埠有長崎、下關、新潟、酒田、青森、銚子等，驛站市鎮有東海道的品川、小田原、三島、沼津等；寺院門前市則有奈良、山田、長野、日光等。

封建時代都市的特色，就是在工商業者所組成的基爾特（guild，行會）式的同業公會的活動。日本的這種組織在中世之座的瓦解期已見萌芽，鎖國以後則因工商業順利發展而加強其同業的統制力，終於十七世紀末前後被公認為「株仲間」❽。此株仲間限定同業者的數目，排除內部的競爭，每年向幕府繳納冥加金❾以獨佔其營業。其較著者有江戶的「十組問屋」與大阪的「二十四組問屋」，及依商品內容組織的棉問屋、紙問屋、糖問屋，依產地組成的薩摩問屋、松前問屋，依職業別組成的左官（泥水匠）問屋、鍛冶問屋等。

隨著都市的發達，海陸交通、運輸方法與設施已有相當進步。尤其交替參勤制❿的實施，使交通設施更為充實。全國陸上交通幹線在道中奉行管轄下者有東海道、中山道 (Nakasendō)、奧州街道、甲州街道、日光街道等主要街道，均以江戶的日本橋為起點，每里都有里程碑，道路兩旁種植松、杉，以方便行人。沿途則設有一般民眾住宿的旅籠屋 (hatagoya)，與大名住宿的「本陣」。

海上交通有從大阪運輸木棉、草棉、油、酒及其他貨物至江戶的「菱垣迴船」，與獲酒商資助開始營運而主要運輸酒類至江戶的樽迴船。前者係從出羽 (Dewa)、陸奧 (Muts) 至江戶，後者則從陸奧、出羽、北陸方面，經日本海，迂迴下關至大阪。

當時，幕府為因應產業的發達與商品的流通，乃委金座、銀座、錢座鑄造貨幣，掌握其發行權。其中以寬永通寶的流通最廣。

第四節　學術的興隆與町人文化的發達

一、文治政治的開展

德川家康、秀忠、家光三代為鞏固幕府基礎而嚴厲控制大名於其統制之下，故將其施政方針建立在「武斷主義」(鎮壓、專制、獨裁) 之上，如對大名「改易」，及對牢人 (浪人) 的嚴厲取締。1651 年 (慶安四年) 家光死後，由年僅十一之子家綱繼位，會津藩主保科正之輔政。因將軍易人，難免人心發生動搖，牢人中亦充滿緊張氣氛。因家光時「改易」不少大名，故江戶充滿失

❽經幕府、諸藩許可獨佔的工商業同業公會。

❾向工商業者課徵之各項雜稅。

❿幕府為統制大名而使他們於一定期間在江戶參勤的制度。

去主家的牢人工作無著，遂藉此機會叛亂（慶安事件）。此後為免再產生牢人，乃緩和對大名的處置，及「末期養子之禁」(matsgoyōshinokin)❶並禁止殉死，也獎勵學問。諸藩也根據儒學思想來施政，被後世稱為名君者有會津的保科正之、水戶的德川光圀、岡山的前田綱紀等人。

從十七世紀末前後起，幕藩體制已趨安定，物質基礎亦告充實，乃決定積極推行運用學問、法令治國的「文治主義」（禮文主義）政策，此一政策乃中國古代儒者所提倡的人文政治。這種政治從第五任將軍綱吉在位的元祿年間 (1688–1704) 正式化，至間部詮房、新井白石主政時達到高潮（正德之治）。

綱吉在位期間，利用慶長以來貯積的財源，與新興町人（工商人士）雄厚的財富，開展空前的繁榮時代。綱吉初期執政，頗富法家色彩，綜覈名實，嚴行賞罰，威令所及，不稍寬假；不僅在政治上富於朝氣，在學問、藝術以及其他各方面無不呈現蓬勃清新的氣象。當時政治清明，有「天和之治」之譽。後來他召林鳳岡講授《大學》，每月以大名、旗本、儒者為對象講解四書、五經。更於湯島建築奉祀孔子的大成殿（湯島聖堂），以鳳岡為「大學頭」(daigakunokami)，遷徙其私塾至此以栽培學生。自此以後，林家便職司幕府的文教，儒學也完全離開佛教而獨立。

綱吉晚年雖有不少惡政，如發布〈憐愛生物令〉❷等，但此一時期的產業開發進步，物資豐饒，故風俗流於華美，江戶、京都等大都市繁榮，從而促使學問、藝術的發達，產生絢爛的元祿文化。

❶大名的繼承須獲幕府的同意，無子嗣者於臨終請求收養子的「末期養子」在初時並未予承認，故該大名死後土地就會被沒收。

❷戌年出生的德川綱吉特別愛護狗，凡殺狗者處以死刑，後來則擴及於鳥、魚等其他生物，故有「犬公方」之稱。此一命令至綱吉死後才解除。

二、文運興隆

當國家統一，長久未發生戰爭的情形下，幕府與諸藩都獎勵文教，為維持封建秩序，文教實具有重要意義。其成為獎勵文教的核心的，就是幕府的昌平坂學問所與諸藩的藩學。昌平坂學問所乃第五任將軍德川綱吉設於湯島的學寮，經松平定信擴大規模。諸藩也各設藩校，使藩內子弟兼修文武兩道，修行儒學、兵學及武術。寬政年間 (1789–1801) 以後，這種藩校的數目越來越多，總數已達二百餘，其中亦有教授醫學與（日本）國學者。如米澤的興讓館、會津的日新館、水戶的弘道館、名古屋的明倫堂、熊本的時習館、鹿兒島的造士館等，許多成為日後各地學校的淵源。私塾則以漢學塾為多，如中江藤樹的藤樹書院、伊藤仁齋的古義堂等，其朝氣蓬勃的學風實有超越官學之處。

江戶幕府自家康以來，以儒學作為支配幕藩體制的思想依據而加以重視，其所以重視儒學思想，並不代表他崇尚儒術或對儒學有所偏愛，乃是儒學尤其是朱子學所強調的大義名分論，符合其封建體制。家康使出身京都相國寺的藤原惺窩講學，並登用惺窩的門人林羅山（道春）為侍講。家康又建紅葉山文庫，蒐集、刊行圖書，因開文運之端而其功至偉。綱吉除命林鳳岡為大學頭外，也親臨湯島聖堂（孔子廟）講說經書，以身作則，有欲以儒家倫理為武士規範之意。第八任將軍吉宗則不僅自己好學成性，更命室鳩巢撰《六喻衍義和解》以為童蒙教訓。這三位將軍對儒教的態度，不僅可以其好學的本性探索其原因，而且可以在儒教的文化要素與其他各種文化要素的關係上來探求江戶時代文化發展的途徑。

1702 年（元祿十五年）末發生赤穗藩（兵庫縣）牢人大石良雄與其子主稅等四十七名牢人為亡君淺野長矩報仇，殺死仇家吉良義央的重大事件。報仇在當時雖為法所不許，然因報仇乃被武士視為孝悌忠信的德行，為社會所稱許。所以幕府處理此一事件時，除命良雄等人在江戶寬永寺切腹以維護法律尊嚴外，同時念及他們憤藩主無端受辱，

捨身報仇的義舉，而遣重臣親臨監視其死，以示激勵。幕府的此一作法，乃在弘揚儒家的教化思想，以及孔子的倫理教義。

以藤原惺窩為祖的京學（正學、官學），除林羅山外，尚有松永尺五、柴野栗山、木下順庵、新井白石、三浦梅園、室鳩巢等人。南村梅軒的南學派則由其弟子谷時中來完成。系出此一學派者有野中兼山，及以儒學來解釋神道而倡垂加神道⑬的山崎闇齋。朱子學派的別支有朱舜水（水戶學）、貝原益軒（以《養生訓》著稱）等。與京學相對的有異學，如：中江藤樹探討王守仁的陽明學，弟子有熊澤蕃山等稱為陽明學派。至於對朱子學持批判態度，主張直接接觸孔、孟之書以回歸儒教本來面目者，有京都堀川學派（古義學）的伊藤仁齋，與江戶蘐園學派（古文辭學）的荻生徂萊等，儒學大為隆盛。

三、史學、實學與町人文藝

政權安定以後，為主張其正當性，對歷史的關心也昂揚起來。第三任將軍家光使諸大名與旗本提出家譜，編纂《寬永諸家系圖傳》一百八十六卷，並使林羅山編修國史，由其子鵝峰（春齋）完成編年體的《本朝通鑑》二百七十三卷。水戶藩主德川光圀也從事修史事業而招集學者編撰《大日本史》，光圀死後，此一事業為其後人所繼承，直至二百五十年以後的 1906 年（明治三十九年）方才完成，此書以紀傳體書寫，共三百九十七卷。山鹿素行以利用檔案資料、古文書等的新研究方式撰述《武家事紀》（又名武事紀）五十八卷，及《中朝事實》二卷、附錄一卷。新井白石則以其獨自的時代區分，書

⑬江戶初期，山崎闇齋所倡的神道說。以朱子學的敬慎說為中心，並加上吉田神道、伊勢神道的要素，為神儒合一的思想，言開天闢地的神之道與天皇之德為唯一無二，因此尊王、尊重國體論的傾向頗強，對日後的水戶學造成影響。

寫從公卿政權變遷為武人政權的過程,而有《讀史餘論》三卷問世;並且對古代史作合理的解釋,完成史論書《古史通》四卷;更將諸藩的譜系加以整理而編纂了《藩翰譜》十三卷。

從十七世紀起,為有益於實際生活而興起實學。實學在農學方面有宮崎安貞的《農學全書》十卷,藥物(本草學)方面有貝原益軒的《大和本草》十八卷,稻生若水的《庶物類纂》一千卷問世。數學因築城堡、開墾新田等土木工程及商業的發展,而興起研究日本自古以來的數學「和算」,吉田光由在十七世紀初著《塵劫記》三卷,關孝和則研究了高度的數學理論,計算圓周率與圓的面積等。天文、曆學方面則有澀川春海(安井算哲)訂正以往之曆而撰著《貞享曆》。長崎的通事西川如見著《華夷通商考》二卷,介紹海外情勢,新井白石則根據偵訊潛入久島被捕的義大利傳教士西德悌 (G. Sidotti) 的口供著《西洋紀聞》三卷,及《采覽異言》五卷。

江戶時代文化的最大特色就是隨著經濟活動的盛行,學問、藝術、戲劇等各方面都呈現濃厚的庶民色彩。由於生活趨於豐足,不僅在食、衣、住方面互競華麗,還攝取傳統的文化以提高涵養,從而構築町人獨特的文化。尤其在政治、軍事方面受到壓抑的町人,除了以其財富來謳歌現實,對抗擁有權力的武士之外,也就沒有什麼人生價值。他們所選擇的散財處,就是風化區與劇場。於是風化區就成為寫作題材的來源與背景,劇場之美則成為文藝製作的直接動因,支配了文藝生活,一切藝術都被歌舞伎與淨瑠璃❹所綜合而成為町人文化的精髓。歌學方面有戶田茂睡、下河邊長流、釋契沖等作家,而尤以釋契沖《萬葉代匠記》為著名。俳諧❺的松

❹從室町時代中期開始興起的演藝,因〈淨瑠璃姬物語〉上演後獲得好評,故有是名。把「三味線」(三弦琴)與木偶戲結合在一起,發展成為大眾化的演藝。初期的淨瑠璃以故事為中心,寬文年間,(1661–1673)前後則盛行曲調雄壯的金平淨瑠璃。上述兩種統稱為「古淨瑠璃」。迄至元祿年間(1688–1704),竹本義大夫集各流派之大成,確立「義大夫節」,上演近松門左衛門之傑出劇本後,其歌曲也有進一步的發展,故「義大夫節」便成為淨瑠璃的別稱。江戶以後則與歌舞伎相互接觸而產生富於歌謠的「豐後節」,從而衍生「磐津節」、「清元節」等流派,以迄於今。所謂「節」,就是曲調。

❶使連歌之首句獨立而成之韻文，原為帶有滑稽味的和歌之一種體裁，濫殤於室町時代。句型為五、七、五三句，共十七句。

尾芭蕉開創了獨自的境界，小說方面有井原西鶴以大膽的、寫實的態度創作《好色一代女》、《好色一代男》、《世間胸算用》等名著，戲劇方面有近松門左衛門的劇本，而當時的劇場建築亦發達。繪畫方面則古典藝術復興，而有狩野探幽、俵屋宗達、尾形光琳等名家；風俗畫則以庶民、遊樂場所為題材，出現創造浮世繪的菱川師宣，他以華麗的色彩繪畫演藝與風月場所女子的妖豔媚態，並利用版畫使之流傳。至於宗教，華僧隱元隆琦於 1654 年赴日，移植禪宗之一派黃檗宗，在宇治創建了萬福寺。

第八章
幕藩體制的動搖與
近世文化的成熟

第一節　幕藩體制的動搖與政治改革

一、農村的困窮與武士經濟的衰退

　　從十八世紀前後開始，幕藩體制的矛盾表面化，致其根基逐漸發生動搖。當時的商品經濟雖顯著發達，而町人的經濟力量已強盛，但武士們的財政困窘卻日益嚴重。復由於此一時期時有饑荒，致農村荒蕪，一般農民的慢性貧困更加深刻。為此，幕府與諸藩都為度過這種危機而積極從事政治改革，這種改革雖能收一時之效，卻無法從根本上解決財政困難。

　　農村的困窮雖成為一般的現象，農業比較發達的地方，農民們為繳納沉重的稅賦，乃在自己的田地上栽種經濟作物，並致力於手工業的生產。村裡的地主則從事釀酒與放高利貸貯積更多財富，以兼併貧農的土地。在此情形之下，寄生地主❶與成為佃農、傭工的貧農之間

❶ 把土地出租給農民以收田租而自己不從事農業經營的地主。

的階級分化便愈益嚴重。因此，農民們的反抗運動也就逐漸激烈化，他們為反抗領主之壓制而集體離村或逃散，或組團以暴力反抗。這種反抗從天保 (1830–1844) 前後至幕府末年激增。

都市的傭工、小商人、流浪者也因米價暴漲而生活困難，故與農民呼應而襲擊富豪與放高利貸者，並破壞其房子，使社會陷於不安，而大鹽平八郎之亂 (1837) 即是以最尖銳的型態來表達下層民眾的不滿情緒。

武士的物質基礎原賴農村的貢租，然因農村的荒蕪使經濟來源固定的他們的收入相對減少。尤其因交替參勤而來的江戶生活，非僅使只有固定收入的他們的開支增多，也引起他們生活上的困窘，致給放高利貸者以可乘之機。這種經濟困窘的情形不僅一般民眾如此，幕府也因第五任將軍綱吉的諸多浪費與漫無節制的開支而陷於困窮。諸侯則因在江戶的生活須花大筆經費，故其困窘情形日甚一日，非向商賈告貸不可。錢借了，償還不易，只得以部分祿米當作利息支付。如此一來，只使商人與高利貸貯積更多資本，到了最後，無論祿額的高低，大名們與一般武士們都非低頭向町人告貸不可。在此情形之下，致有武士出售祖傳之武器，或從事家庭加工、手工業而商人化。

二、享保改革

第五任將軍德川綱吉上任之初，以堀田正俊為「大老」勵精圖治，在文治政治方面頗有成就，然至晚年，不僅獨裁，又實施沒有預算的政治，致財政陷於困難。綱吉之後家宣繼位，政治委諸儒者新井白石。白石編預算以控制開支，並限制前往長崎的外國船隻數目，以防銀大量流出海外，及改革對朝鮮使節停留國內期間的待遇等以節省開支。然其措施過於理想，故成效不彰。繼家宣之後擔任將軍的家繼由間部詮房輔政，唯其在位僅三年，未能建立財經政策。

第八任將軍吉宗以為幕府、諸藩的財政疲弊將威脅幕藩體制的根基，如要重建封建制度，就須拋棄文治主義，獎勵武藝，過著質樸剛

健的生活。並且一再發布節儉令，對食、衣、住作詳細
的規定。其改革政治的辦法如下：

1. 1722 年（享保七年）下令諸大名獻出其祿額百
   分之一的米（agemai，上米），以為支給旗本、
   御家人之需。以此相對地緩和諸大名的交替參
   勤。
2. 設「目安箱」（meyasubako，意見箱）廣求民隱。
3. 〈棄捐令〉，為挽救旗本與御家人的貧窮，發布
   類似昔日的〈德政令〉。
4. 實施「足高制」，所謂足高 (tashidaka)，就是在幕
   府供職的人員，其原有俸祿未達新職標準者，其
   差額由幕府補貼。
5. 定免法，通令全國各「勘定所」報告各該領內田
   地的收穫量、開墾田畝的地點、面積及人口數目，
   以期增加稅收。
6. 改革司法制度，編纂《公事方定書》以為裁判的
   標準。
7. 獎勵實學，開放與基督教無關的西方圖書進口，
   使人民學習西洋的實學。

吉宗的改革雖使幕府的財政好轉，但因田賦的增加導致
農民的生活更加艱苦，因此農民暴亂的次數逐漸增加。

三、寬政改革

　　吉宗以後，其子家重，孫家治相繼為將軍，兩人均
凡庸。家治於 1772 年（安永元年）以側用人❷田沼意
次為「老中」，受寵攬權，謂之「田沼時代」。田沼擔任

❷ 又名近習出頭役，江戶幕府的職稱。經常在將軍左右，將其命令傳達老中。待遇比照老中。編制名額一人，職務加給萬石以上。

老中後，為重建幕府財政，乃利用豪商巨賈財力採積極措施，即：

1. 重商政策：大幅允許町人設同業行會「株仲間」，向他們課徵雜稅與營業稅（冥加金、運上金），及振興長崎貿易。
2. 賄賂政治：因重商的結果，易與商人的賄賂糾纏在一起，成為情面政治，政商勾結而使綱紀紊亂。

這種政治確使幕府財政好轉，但道德的頹喪與天災連年，終難免秕政之譏。

田沼時代過後，第十一任將軍家齊以白河藩主松平定信為老中。松平以吉宗的改革為榜樣，改革田沼的弊政，是為寬政改革。松平上任後，首先整肅官吏的紀綱，並要求大名、武士、商人節約，解除田沼時代大批財經官員的職務，嚴格甄選接近將軍的人員，以袪除流於放縱的積弊。

松平在財政方面所採措施是停徵雜稅與營業稅，並停止鑄造金幣及輸入金銀、禁止江戶商人出售奢侈品等。由於當時的社會經濟疲弊，武士生活陷於極端困窘，故乃：

1. 發布〈棄捐令〉，使旗本與御家人六年前所欠借款帳目一筆勾銷，五年以內的，准以分年償還。
2. 禁止農民出外打工，強制他們回村耕作，以確保糧食生產。
3. 以江戶市內所節省費用之七成作基金救濟貧民，對貧民給予就業訓練。
4. 以出身官學者為正途，圖謀朱子學的復興。
5. 用心於海防，提防俄國南下。

由於松平的改革態度保守而手段嚴厲，引起世人的反感而功效不彰。

四、天保改革

松平定信卸職 (1793) 後，因採放任政策，致武士氣節式微，都市風俗流於華美，幕府財政陷於困難。加之饑荒連年，農民暴動與搶劫層出不窮，竟連大阪奉行所的「與力」(警察) 也發動暴亂 (大鹽平八郎之亂)，更致社會陷於不安。第十二任將軍家慶上任後，為效法享保、寬政兩次改革，乃命老中水野忠邦推動革新政治，以恢復幕府體制。水野因其地位與立場較松平定信薄弱，故其政策較寬政改革更為嚴厲，但當時的社會經濟較寬政年間發達，幕藩體制崩潰的傾向較前嚴重亦有以致之。水野所採措施是：

1. 厲行節約。
2. 為復興農村，強制流入江戶的農民返鄉耕種。
3. 因「株仲間」獨佔商品市場及任意抬高物價，故乃犧牲運上金與冥加金而下令解散。
4. 頒布〈棄捐令〉。
5. 為重建財政，擬沒收江戶、大阪一帶旗本、大名的領地，作為幕府直轄地 (上地〔知〕令，agechirei)，因遭強烈反對，遂未實行。
6. 命高島秋帆學西洋砲術，以防江戶灣。

水野雖有意把改革工作做好，但因當時綱紀紊亂而又未能獲得諸大名的積極協助，以致未見成效之前便下臺。結果，幕政的崩潰益發不可收拾。

為因應財政的惡化，諸藩之間也從事政治改革，獲相當成果者有九州的薩摩藩與中國地方的長州藩。當時薩摩藩的財政危機相當嚴重，向京都、大阪商人借貸就高達五百萬兩。以下層武士獲提拔從事改革的調所廣鄉，他以形同賴帳不還方式 (以二百五十年為期無息歸還)

圖34: 天保年間的貨幣　江戶幕府鑄造五兩金幣，只有天保時期，其黃金含有率為八四‧二九％而與慶長年間的「小判」（古時金幣，一枚重約一兩）相同，但其重量卻只有天保年間一兩「小判」三刃（一刃等於三‧七五公克）之三倍的九刃。一分銀雖是優質的銀幣，然其他都是劣質的金、銀幣，而較元祿年間的劣幣之品質更差。例如：元祿「小判」的重量為四‧七六刃，黃金含有率五七‧三七％，天保時期的「小判」重量為三刃，黃金含有率五七‧七七丁銀；豆板銀則慶長的銀含有率八〇％，元祿五〇％，天保則只有二六％。雖然如此，幕府末年的安政銀竟只含天保之半數的一三％而已。幕府曾於1843年（天保十四年）停止由金銀座發行貨幣之辦法，並停止鑄造這些貨幣。圖①：天保通寶。圖②：天保一兩判。圖③：天保五兩判。圖④：天保銀。圖⑤：天保一分銀。

處理債務後，加強實施以奄美三島（大島、德之島、喜界島）所產紅糖等特產的專賣制，並謀擴大與琉球之間的貿易而改革成功。長州藩也面臨財政危機，以村田清風為中心從事改革，減輕農民負擔，放寬專賣制及由藩替藩士償還債務，並推動殖產興業，及融資給商舶以謀取利益而獲成效。

第二節　町人文化的成熟

　　元祿文化以「上方」(kamikata)——大阪、京都等地為中心，江戶只不過顯示其新興氣勢。然隨江戶近郊的發展與東迴航路的發達，在經濟上江戶遂脫離大阪而獨立。隨著經濟發達與商人實力的提昇，從明和 (1764–1772)、安永年間 (1772–1781) 開始，江戶已取代「上方」成為日本的文化中心。尤其在文化 (1804–1818)、文政 (1818–1830) 期間為頂點，奢華的風氣充滿於都市，町人文化已在此一階段臻於成熟。江戶後期的文化叫做「化政文化」。化政文化的特色反映著動盪不安的世局，頹廢、享樂的傾向濃厚，漂浮著末世的氣氛。其因在於人們受到重重的統制與壓抑，故欲以詼諧、諷刺、挖苦來宣洩心中抑鬱、被歪曲的文化。然在學術、思想的領域，則是科學、考證的思考方式與批判的精神開始萌芽，且可發現與近代相關的新動向。於是文化的主宰從富貴階層轉移到中小工商業者，更及於地方都市與地方上的地主階層。

一、文　藝

　　此一時期的幕府對風俗方面的取締較前嚴厲，露骨的壓抑政策年復一年的加強，故町人已失去元祿時代那種朝氣蓬勃的氣象，僅能以諷刺或挖苦的文字將其被壓抑的本能發抒於文學上。

　　由於此一時期的「上方」文化隨「上方」町人的商業地位滑落而停滯不前，將隆盛的文化活動讓予享有特權的町人階層所活躍的政治、消費都市江戶。然在江戶，元祿町人那種清新的現實精神已經淡薄，且一再受到文化統制，故只能見到封建文化末期的開展。不過大眾基礎已經擴張，其與地方文化的交流與交通的發展而擴及全國。以此為背景，在文學作品與其作者、讀者的時代變化中，各有其特性而且具有大眾的普通性，近似近代文學。

❸江戶初期讀物
類的總稱。以平易
的假名書寫，採散
文形式，適合婦
女、兒童閱讀的故
事書。

❹江戶時代小說
的一種形態，1682
年刊行的井原西
鶴的《好色一代
男》為此類著作的
濫觴。

❺句型與俳諧相
同。

❻流行於近世社
會而充滿諷刺、挖
苦意味的瘋狂體
和歌。

文學方面，有許多種類的小說流行，系出「假名草子」❸，且以故事為中心的作品，在神怪小說方面有藝術性頗高的上田秋成《雨月物語》，及勸善懲惡意味濃厚的瀧澤馬琴《南總里見八犬傳》。前者係根據中國小說《聊齋誌異》，後者則為根據《水滸傳》而來的「翻案小說」，亦即故事與原書大致相同，唯人、時、地有異，故缺少獨創性與氣魄。當「浮世草子」❹式微後，便出現以諷刺、滑稽為重點，文章與插圖相配的「黃表紙」（黃色封面）的作品，及以風化區為舞臺，以滑稽為主的寫實短篇風化文學──「洒落本」流行，作家有山東京傳等。

之後，黃表紙發展成為名叫「合卷」的長篇，以圖畫為主，還有以假名書寫武士功勳或報仇故事的大眾化印刷品「繪草子」，這類作品以柳亭種彥的《彥紫田舍源氏》為著。其從洒落本分出，而以嬉笑、滑稽為基調來描寫庶民生活的滑稽本，有十返舍一九的《東海道中膝栗毛》，式亭三馬的《浮世風呂》、《浮世床》等，廣受讀者的歡迎。迄至天保年間 (1830–1844)，洒落本已長篇化，因以描寫男女愛情為主，所以也叫「人情本」，著名作家有為永春水等。

在韻文方面，天明年間 (1781–1789) 與謝蕪村以繪畫的情景描寫、歌詠俳句，出身於信濃的小林一茶則於文化、文政年間留下質樸而富於人情味的句子。和歌以香川景樹為中心的桂園派成了歌壇主流，他們以《古今和歌集》為範，以優雅的歌風名聞於世。此外，賀茂真淵歌詠萬葉調的和歌，越後的釋良寬則以平明的歌風見長。至於以諷刺、滑稽為重點的「川柳」❺、「狂歌」❻則盛行於町人之間，川柳有江戶淺草之柄井川柳，狂歌

圖35：由青本至黃表紙　在日本文學史上，將1775年（安永四年）刊行的
《金金先生榮花夢》以後的草雙紙稱為黃表紙（表紙就是封面）。即使與前
一年刊行的《風流仙人花賀》作比較，也無法說出其很大的差別。其所以
以《金金先生》作一區隔，乃由於戀川春町(1744-1789)將讀者對象意識的
限定為大人，表示與以往作者的創作姿勢迥然有異所致。所謂「花賀」，就
是新郎（新娘稱「花嫁」）。（左：東京都東洋文庫典藏；右：東京大東急記
念文庫典藏）

有江戶之大田南畝（蜀山人）、石川雅望（宿屋飯盛）
等活躍其間。川柳一詞來自柄井川柳，其句型與俳句相
同，由五、七、五三句，共十七字而成。因它頗能觸及
人情機微，富於諷刺、挖苦，故為一般民眾所喜愛，為
世紀末的簡短文學作品。

　　淨瑠璃在近松門左衛門之後竹田出雲等人出而留
下名作《假名手本忠臣藏》、《菅原傳授手習鑑》等。近
松半二雖也是當時著名家，但在那以後因曲從「人形淨
瑠璃」❼獨立成為「歌淨瑠璃」❽，從而產生常磐津、

❼配合三味線的
曲調，操縱扮演曲
中人物之人形（人
偶）的，日本固有
的人演戲。近松門
左衛門，竹本義太
夫等出現以後，完
成其特有的戲劇
形式。

❽著重歌唱的淨
瑠璃。

清元、新內等流派，但町人的嗜好卻逐漸轉移到歌舞伎方面，以致步向式微之途。

歌舞伎在「上方」以近松半二為最後一位傑出作家，著有《本朝二十四孝》、《妹背山婦女庭訓》等，反映世態的光怪陸離，多殘忍而頹廢的作品，文化、文政時期鶴屋南北的《東海道四谷怪談》即為代表作。迄至幕府末年則有河竹默阿彌以盜賊為題材的作品（《白浪物》）受歡迎。

二、繪　畫

十八世紀以後，幕府的御用畫家狩野派，朝廷的御用畫家土佐派及其門流，因受幕府、宮廷及世家的庇護，一味承襲江戶前期所創模式而幾無創作活動，故其畫風引起一批非御用畫家的不滿，他們遂高舉自我覺醒對實證主義發生共鳴的新時代精神的大纛，發起繪畫的「革新蕉風」，從而產生寫意畫與寫形畫兩大類，前者有池大雅和與謝蕉村的文人畫（南畫），後者有長崎派（南蘋派）、丹山派、四條派，俱屬西式畫派。

此一時期至長崎的中國畫家，也對當時擬將繪畫活性化的革新運動產生重要影響。1720 年（享保五年）以後不時至日本的清人伊孚九（伊海），他雖是商賈，但擅長正統的南宗畫。他曾親自作畫示範，是促使日本畫興隆的機運。1730 年（享保十五年）東渡的花鳥畫家沈南蘋（沈銓）的寫實手法，則捉住曾受實證主義洗禮之長崎人熊斐（熊代繡江）等當代畫家的心，迅速普及於全國。影響所及，遂在「上方」產生寫生派泰斗圓山應舉（圓山派）；系出圓山派的松村月溪則開創了四條派。至於西畫，則因享保改革所帶來的西書進口解禁，及受洋學的激勵而興盛。油畫家有司馬江漢等人，與之同時，也有製作銅版畫者。到了江戶末期，谷文晁標榜南、北合派，參酌西畫創一風格，其門下有渡邊華山等人。

另一方面，以多種色彩印刷的版畫──錦繪已被開發，至十八世

紀後半期，由居住都市的町人與農村的富農階層所支持的民間繪畫，順應著廣大民眾各種各樣的要求，多彩多姿的發展起來，其中也包含浮世繪。也就是說，由庶民主導的在野美術，凌駕受宮廷、幕府、世家等統治階級重重保護的御用美術，無論在質或量上，都超越了它。

圖36：錦繪　左：懷月堂安度作「遊女與禿」，此圖以豐滿的姿態來表示風化區女子以自尊心、競爭為傲的氣概。「禿」係花魁的小侍女。安度的門人甚多，其較著者有安知、度繁等。此一流派一直活躍至享保年間。本圖長九三公分，寬五〇・三公分。（東京國立博物館典藏）右：笠森阿仙（中幅錦繪），鈴木春信 (1725–1770) 作。據說春信是錦繪草創期的功臣，以往的浮世繪美人圖多以風化區風俗為主要題材，春信則以一般婦女的風俗為畫題。並且他又利用能印多種色彩的錦繪木版畫技術，將纖細的手足作夢幻的表現，樹立他獨特的美人畫模式。此圖係描繪位於江戶谷中笠森稻荷旁茶店鍵屋之女子阿仙。實際上的阿仙也成為春信之理想女性。（東京國立博物館典藏）

　　十七世紀以前的浮世繪畫家以菱川師宣為代表，他把大眾化的插圖從裝訂本中解放出來，不過其作品仍止於風俗版畫一組十二張的連環性表現，尚未能使每一張畫都成為獨立作品。迄至鳥居派始祖鳥居清信出，他將男女演員或青樓女子描繪成理想姿態，以供人鑑賞的單獨畫面。他不僅繪畫人物，還以風化區的一切事物為題材，而且對環境的描寫亦頗為留意。不過在他以後的新生代則只將注意力集中於人物的姿態美方面。之後，演員畫與美人畫各自獨立，其繪畫風格亦固定下來。

　　浮世繪在時代愈晚便愈流於巧妙而華美，以致畫面缺乏生氣，畫題也趨於低俗。針對此一弊端，無論在構圖或敷彩方面都創新風格，而給此一繪畫領域別開生面的，就是葛飾北齋與安藤廣重。北齋除風俗畫外，也還在其他各種畫題上發揮其雄健筆法，廣重則在風景畫中顯示其溫雅風格。

第三節　新學術與新思想

一、儒學與國學

　　以元祿時代 (1688-1704) 為中心盛極一時的古學派，從享保年間 (1716-1736) 開始逐漸步向式微之途，代之而起的就是採各家之長，成一家之說的折衷學派，及創出獨自思想體系的獨立學派。如廣瀨淡窗等，在五十餘年裏培養了三千多個學生，其中既有發表儒教本來經世教化的卓越意見者，也有如大阪的町人學者富永仲基之言：「儒教為中國之道，佛教為印度之道，神道為日本之道，但俱非當今日本之道者」。實證主義的機運受市民社會的成長、自然科學的發達，及清朝考證學的影響，經由和漢之學而興盛，但在此並無綜合的創意，只在分化與精細方面見其進步而已。在此情形之下，江戶中期以後的儒學各派濫立，朱子學則完全式微。為挽回這種頹勢，幕府乃於 1790 年（寬政二

年）發布〈異學之禁〉**❾**，以謀保護朱子學派，因諸藩也仿效此一措施，故在寬政以後有一段時間朱子學又呈現生氣。然至幕府末年，不僅朱子學式微，整個儒學都對封建主義有所批判與反省。

　　由於從十八世紀八〇年代開始，外國船隻出沒於日本近海，因此有識之士之間出現對外的危機意識，所以除經濟政策論外，還倡導加強軍事，及喚起國家意識，以度過國家危機的新政策論。工藤平助的《赤蝦夷風說考》、林子平的《海國兵談》等，可說是這類著作的前驅。為因應時局的變化與社會漸趨不安穩的情況，由水戶藩的學者們所倡導，以幕府為中心重建、加強國家體制的新思想，這種思想旋被稱為水戶學。初時，藤田幽谷著《正名論》(1791)，言日本國的優秀在於以天皇為君主的國家秩序沒有變化；繼則其門人會澤正志齋著《新論》(1825)，主張應根據日本傳統的國家體制，以職司祭祀的天皇宗教權威為中心，從而鼓吹對外的危機意識，加強國家的統一性。此書在幕府末年成為尊王攘夷思想的理論根據，具有相當的影響力。

二、日本學的發展

　　日本學乃反對成為近世社會的領導理論、規範人們一切生活的儒教，闡明古道，並標榜回歸古道的一種思想運動。最早的型態以近世初期對傳統歌學的革新運動出現。其中，釋契沖所倡歌學的革新已表示國學基本思想的復古思想，與反佛教、反儒教的立場。契沖之後，使此思想進一步發展的則為荷田春滿，相傳荷田曾向幕府申請創設「國學校」而獲准。他為申請創校所上〈創國學校啟〉裏說：研究古語、古典畢竟為闡明日本古道

❾江戶幕府對朱子學以外的學派所下的禁令。以林家的湯島聖堂為官學，將其更名為昌平黌，並以朱子學作為登用官吏考試的出題範圍，所以並非禁止朱子學以外之學派。然以此為契機，許多藩都改授朱子學，收到與禁止相同的效果。

的里程,而將此學問稱為國學或復古之學。亦即將歌學與國家意識結合在一起,以構成新國學的概念。

　　荷田春滿雖對古道有所覺醒,卻始終無法對其內容有所研究。其能更進一步從新的立場完成的是賀茂真淵,繼賀茂之後完成國學者則為本居宣長。由於賀茂與本居的努力,國學遂建立亮麗的思想體系,無論在量或質上都有極好發展。並且擴大研究對象,對古代文學作普遍、精緻的研究,更以《古事記》、《日本書紀》、《萬葉集》、「祝詞」(norito)、「宣命」(senmiyō)❿為研究中心,逐漸回溯至古代。非僅如此,還排斥前此偏重《日本書紀》〈神代卷〉之弊而尊重《古事記》的價值。並且以此古典為古代日本人精神活動的產物及社會生活的反映,欲藉此以闡明古代生活的根本精神,於是建立了針對儒教、佛教,以古道為頂點的復古思想理論體系。此後,日本學以賀茂、本居門流為中心而人才輩出,普及於各地。此一學問發達以後,遂對自中世以來受傳統囿限的學術帶來自由探討的新風氣,且從儒、佛的事物看法中解放了人性,從而闡明了日本固有的精神,提高了民族自覺,並從尊王斥霸的立場,在促使明治維新方面扮演了思想上的領導角色。值得一提的是目盲的學者塙保己一獲幕府的援助設「和學講談所」,蒐集古書與古紀錄編輯、刊行了《群書類從》,伴信友在考證古典文獻方面也留下不朽業績。平田篤胤則推廣本居的古道以倡復古神道,這種學說的排外主義、國粹主義傾向濃厚,傳布於下層武士與富農之間,給尊王攘夷運動帶來強烈的影響。

　　此外,具有與日本學相似的思想傾向而有特殊表現的思想家為安藤昌益,他以為儒學、佛教等既成學問、

❿祝詞,祭典時向神祇上奏的詞語。宣命,傳達天皇之命的一種文書形式,詔敕中以日文書寫。

宗教的一切，乃為使社會中上下身分的秩序正當化而
為，故以無上下差異，萬人平等的自然世為理想社會。
這種主張乃針對當時日本產生社會矛盾與腐敗的身分
差異制度作最根本的批判而值得注目。可惜這種人生而
平等的思想，尚未能引起他人的共鳴。

三、洋學與自然科學

　　近世初期隨基督教的東傳攝取的西洋文化，因幕府
採鎖國政策以致幾乎中斷，僅經由出島❶的通事傳至日
本而已。然近世中期以後，跟隨荷蘭通事學習荷蘭學者
日多，至末期則與日本國學同樣興盛。原因在於隨著都
市及商業的發達，對現實的關心顯著昂揚，實證的精神
也因而高昂起來。並且幕府與諸藩為挽救財政困窘而不
斷獎勵實學，把荷蘭學視為實學之一而開始研究。更由
於幕府與列強接觸，從而瞭解必須充實國防及瞭解世界
情勢。

　　鎖國以後，與西洋學術、知識接觸的機會雖然減少，
但德川吉宗為獎勵實學而放寬漢譯西書進口的限制，並
非下令青木昆陽、野呂元丈學荷蘭語以後，便開始經由
學習荷蘭語來吸收西洋的學問，這種學問謂之蘭學。唯
當後來透過法語或英語研究以後，便將包括蘭學在內的
學問稱為「洋學」。

　　德川吉宗除使青木昆陽等人學荷蘭語外，也創設天
文臺。自此以後，荷蘭學便普及於全國各地，探究醫學、
天文學、曆學、數學、物理、化學、兵學、西洋哲學、
世界地理、歐洲史等。寬政以後，隨著對外關係的緊張，
幕府設局翻譯外交文書。此後，研究蘭學的人便到長崎
遊學，或利用荷蘭人至江戶的機會學習，所以到天保前

❶出島，長崎市的
街名，鎖國時代荷
蘭人的住居地。

後，已有日蘭語辭書《波留麻和解》二十七卷，及有關西洋兵術的著作與翻譯作品問世。

在田沼意次當政時代，青木昆陽的門人前野良澤、杉田玄白等人翻譯、刊行了荷語的人體解剖書《解體新書》四卷；大槻玄澤則著蘭學入門書《蘭學階梯》二卷，且在江戶設名為「芝蘭堂」的私塾以教授蘭學。宇田川玄隨翻譯荷蘭的內科醫書而撰《西說內科撰要》十八卷。志筑忠雄著《曆象新書》六卷，介紹英國物理學家牛頓（Isaac Newton）的萬有引力說，與波蘭天文學家哥白尼 (Nicolaus Copernicus) 的地動說。幕府職司天文方面工作的「天文方」高橋至時以新的天文知識著《寬政曆》；其門人伊能忠敬則費十八年時間測量全國沿岸，繪製精密的日本地圖「大日本沿海輿地全圖」。此外，平賀源內曾應用物理、化學的知識，製作寒暑表、摩擦發電機、不燃布等物品。幕府也在 1811 年於「天文方」設置「蕃（蠻）書和解御用」，從事蘭書翻譯，此一單位在日後發展成為「蕃書調所」。此外，又將蘭學者所設種痘館改由幕府直轄，改稱「種痘所」。大阪的緒方洪庵開適齋塾（適塾），栽培了橋本左內、大村益次郎、福澤諭吉等人。

以蘭學為中心的自然科學發達，助長了所有知識領域的實證主義傾向，排斥儒教與佛教的宇宙觀，致使成為幕藩體制支柱的封建世界觀發生動搖，但也給予對海外情勢較深的知識，成為開國論的基礎。然自渡邊華山、高野長英等江戶蘭學者所聚會的尚齒會❷，因於 1839 年（天保十年）反對幕府下令砲擊外國船隻莫里遜號受罰（蠻社之獄）後，蘭學者的社會批判便逐漸萎縮，致使蘭學者淪為奉仕幕府或藩的技術人員。

❷1832 年前後，渡邊華山、高野長英、小關三英，及幕府官員江川英龍、川路聖謨，二本松藩儒者安積艮齋等關心當代蘭學的知識分子所組織的團體。他們研究西洋文物，並彼此討論政治、經濟論，而具有實踐的特性。1839 年因蠻社之獄而瓦解。

圖37:《解體新書》書影　《解體新書》
四卷,《解體圖》一卷，日本首部西洋醫
學翻譯書。1774 年（安永三年）刊行。
根據德國人庫姆斯 (Johaann Adam, Kul-
mus, 1689–1745) 所著《解剖圖譜》的荷
蘭語譯本轉譯成為漢文而成。譯者有前
野良澤、杉田玄白、桂川甫周等七人。
後來由杉田玄白之門人大槻玄澤加以校
訂增補，稱為《重訂解體新書》。此圖係
「序圖」的扉頁，為開秋田蘭畫派的小
田野直武的木版畫。

Japan

第 IV 篇
近代、現代

第九章
近代國家的成立與東亞

第一節　明治維新與攝取西洋文化

一、列強侵略東亞

當日本將自己封鎖於遠東而貪婪太平美夢之際，世界情勢已發生很大的變化，曾經以殖民帝國稱霸東亞的西班牙、葡萄牙兩國沒落，獨佔對日貿易之利的荷蘭國運也日益傾斜，元祿以後在東洋的活動已完全趨於消極，代之而起的英、法、俄等國家在歐洲稱霸，並逐漸在亞洲扶植其勢力。

在歐洲列強中資本主義最發達，軍事力量最強大的英國，於1840年（天保十一年）對清朝發動鴉片戰爭，兩年後簽訂不平等的〈南京條約〉，並使之開放上海等五個港埠，及奪取香港島。江戶幕府得此消息後，於1842年緩和擊退外國船隻的命令，並提供漂流至日本的外國船燃料及水，使其平靜地離去（〈薪水給予令〉）。然因幕府仍無意改變鎖國政策，故荷蘭國王於1844年（弘化元年）親筆致函給幕府，勸幕府開放門戶，但為幕府所拒。

在此一時期，美國為其國人能在太平洋從事捕鯨的船隻靠岸，及作為其對中國貿易船隻的中途站，希望日本能夠開放門戶。因此，美國使節畢特爾 (J. Biddle) 於 1846 年（弘化三年）至浦賀（橫須賀市）要求通商而見拒。1848 年（嘉永元年），美國在從墨西哥手中得來的加州發現金礦，西南方的開拓急速進展，從而對中國的貿易也大為興盛，為獲其船隻的中途停靠站，更需日本開放門戶。

1853 年（嘉永六年），美國海軍將領東印度艦隊司令培里 (Matthew Calbraith Perry) 率領四艘軍艦至浦賀，呈遞國書，要求開國。因培里的態度強硬，遂接受其國書，並約定於明春答覆。隨後，俄國使節傅查汀 (E. Putyatin) 航行至長崎，要求舉行確定國界的交涉事宜。當時的首席「老中」阿部正弘打破由幕府獨自裁決政治問題的慣例，就外交問題廣徵諸大名與幕臣的意見，並將培里來航事向朝廷提出報告。

1854 年（安政元年），培里率領七艘軍艦再度來航，堅決要求開放門戶。幕府被迫接受其要求，簽訂〈日美親善條約〉（〈神奈川條約〉），並接受其要求提供燃料、飲用水，開放北海道的箱館（函館）、伊豆半島的下田兩個港埠；救濟難船難民；在下田設領事館，及給予最惠國待遇和領事裁判權。繼則與英、俄、荷等國家分別簽訂內容相似的不平等條約，於是結束實施二百餘年的鎖國政策。1858 年復與上述各國簽訂不平等的通商條約，這些條約乃不瞭解近代外交實態的幕府受外國壓力而簽訂，故其影響顯現於各方面而引起混亂。尤其值得注意的是承認治外法權與喪失關稅自主權。故將其修改成平等條約，便成為明治外交的重要課題。

二、江戶幕府的滅亡

對外關係發生變化後，封建的統治者內部因將軍的繼任人選問題造成對立，以及幕府與諸藩的對立急速表面化。西南諸藩原與水戶藩採「公武合體」的立場，但後來長州藩的尊王攘夷論佔優勢，長州藩便逐漸成為急進尊王運動的策源地。薩摩則因與幕府的關係密切，故

未拋棄「公武合體」的立場而與長州藩對立，但在慶應年間 (1865–1868) 以後逐漸轉向倒幕方面。與此相對的，土佐藩是始終採「公武合體」的立場，肥前藩則以其獨自的立場主張改造幕府，他們的主張雖因其內部情勢的不同而有異，但都在維新的政權爭奪戰裏扮演重要的角色。

　　幕府滅亡的第一個階段始於幕府的獨裁勢力與「公武合體」派的對立。獨裁派的巨頭「大老」井伊直弼欲以幕府之威力採強硬策略，不待朝廷之敕許而擅自與外國簽訂條約，並以紀州藩（紀州派）的德川慶福（易名家茂）為第十四任將軍。水戶藩（一橋派）的人員即以此加以攻擊，而尊王攘夷派的志士又與之合流使輿論沸騰。因此，井伊乃於 1858 年（安政五年）命反對派的水戶藩主德川齊昭、越前藩主松平慶永等人退隱，並逮捕橋本左內、吉田松陰等五十餘人，分別予以斬首、流放及禁錮（安政之大獄）。井伊的鎮壓政策引起尊王攘夷派（尊攘派）志士們的反感，因此於 1860 年在江戶城櫻田門外為水戶浪士所暗殺（櫻田門外之變）。

　　井伊死後，老中安藤信正為謀恢復因櫻田門外之變下降的幕府權威，乃採使公卿與幕府融和的「公武合體」政策。為此，他請孝明天皇之妹和宮親子內親王下嫁為將軍家茂的夫人，然尊王攘夷派的志士們反對其作為，故於 1862 年（文久二年）襲擊安藤於江戶城坂下門外，使之負傷（坂下門外之變），安藤因而失位。

　　安藤失位後，企圖擴大勢力強大的「雄藩」發言權的薩摩藩主島津茂久（忠義）之父久光，乃推動公武合體運動，護衛欽差大原重德從京都前往江戶，要求改革幕政。因此，幕府乃以水戶藩主德川齊昭之子過繼給一橋家的一橋慶喜為將軍監護人，松平慶永為政事總裁；又置京都守護，使會津藩主松平容保擔任斯職，以放寬交替參勤制及改革軍制。

　　開放門戶導致國內經濟紊亂，尤其苦於物價高漲的下層武士與一般民眾便興起反對開國與貿易的熱潮，因而發生殺傷外國人事件。反對幕府運動的中心人物為長州藩士與急進派公卿三條實美，長州藩復

有在下關砲擊外國船隻之舉 (1863)。此攘夷運動也衍生了土佐、福岡、水戶諸藩的天誅組之亂、生野之亂、天狗黨之亂，以及生麥事件、薩英戰爭，以及一般民眾的種種暴亂。1866 年（慶應二年），將軍家茂病歿於大阪城，由德川（一橋）慶喜繼任將軍。翌年末，孝明天皇薨，明治天皇繼位。隔年 10 月，下討伐幕府的密詔。幕府察覺，乃採土佐藩的建議於同月 14 日將政權歸還朝廷（奉還大政）。15 日，為朝廷所接受，要求慶喜辭官、納地，於是自德川家康以來經二百六十五年之久的江戶幕府遂亡，同時結束了自鎌倉幕府以來長達七世紀的武人政治。

三、 明治政府的成立與攝取西洋文化

江戶幕府滅亡後，擁護幕府的佐幕派雖曾有過反抗維新政府的舉動（戊辰戰爭），但都先後被平定。內亂期間，新政府的基礎逐漸確立。因王政復古給國內外帶來的影響很大，所以維新政府必須態度明確，及明白表示其應解決的問題所在，乃於 1868 年（慶應四年，即明治元年）發表五條誓文❶及公布〈政體書〉❷，採立法、司法、行政三權分立的近代政治制度。並且又廢藩置縣，改革身分制度。其身分制的改革標榜四民平等，即：改公卿、大名稱呼為華族，將武士分為士族與卒❸，消除封建的主從關係，以農工商階層為平民，廢除非人❹的稱呼，使其身分與平民相同。與之同時，又允許平民有姓，及選擇職業的自由，可與華族、士族通婚等。雖然如此，實質上的差別卻依然存在。此外，又制訂課徵地租辦法、致力培養近代產業；以及採徵兵制，實施義務教育制度，修訂地租課徵辦法等。

❶ 1.廣興會議，萬機決於公論。2.上下一心，盛行經論。3.自官吏、武人以至庶民，務使各遂其志，振奮人心。4.破除舊來之陋習，凡事須根據天地之公道。5.求知識於世界，大振皇基。

❷ 1868 年閏 4 月 21 日維新政府所發表，並於同月 27 日頒布規定政府組織的文書。

❸ 1872 年，將卒（舊有足輕等下層武士）編入平民或士族而予以廢除。

❹ 江戶時代的賤民之一，屬最下層的賤民。

當促進各種制度近代化之際，思想及生活方式、風俗、習慣的改良須要步調一致。就思想方面而言，它採合理主義、自由主義、功利主義及民主主義，由福澤諭吉、西周等人創辦的《明六雜誌》鼓吹新思想。在生活方面，於 1871 年（明治四年）頒布《散髮脫刀令》，規定服飾，提倡文明開化。結果，散髮成為新思想的象徵，洋服成為正式服裝，在東京出現洋房，牛肉、啤酒、公共馬車、瓦斯燈、洋燈登場；馬車、人力車、火車取代轎子與馬。1872 年規定使用太陽曆，一日二十四小時制。次年採星期日休息制，而生活逐漸傾向於西洋式。

當時雖倡「文明開化」，卻多流於形式上的，及形而下的事物革新，而忽略西洋文化的根本精神，故對舊有文化也不時有寡識淺慮的破壞與蔑視，如：拆除城廓，砍伐歷史悠久的東海道松林與吉野山的櫻樹林等，都是惑於眼前利益，破壞傳統文化的例子。

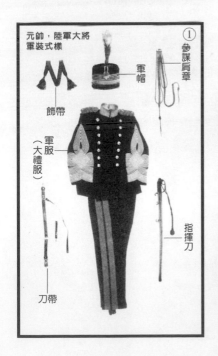

圖38：為迎合文明開化的男女服飾　①明治年間的軍裝：此係小松宮彰仁
親王的軍裝。依當時皇族之慣例，彰仁親王須置身於軍部。他累昇至元帥
陸軍大將。（京都仁和寺典藏）②華族的大禮服：此圖係曾為佐賀藩藩主的
鍋島直大之華族大禮服。依當時規定有文官、武官之大禮服與宮內官員之
大禮服、華族大禮服等。文官大禮服是無尾禮服（晚禮服）加上金絲錦緞，
華族則為（白天穿的）大禮服加上金絲錦緞的華麗服飾。（東京都聖心女子
大學史學研究室典藏）③摩登紳士：1872年，太政官布告：「為變成開化的
人，可隨意理髮及放棄佩刀。」圖左是穿西裝的華族德川義禮。他剪頭髮、
蓄八字鬍，身穿燕尾服。（東京都德川黎明會典藏）④－⑧穿洋裝的婦女：
以華族為中心的上層階級的婦女，她們為修改條約而在鹿鳴館擔任接待，
於夾雜著洋人的場所負責社交工作。為此，她們頭梳西洋髮式，戴洋帽，
穿緊身衣、洋裝，腳穿鞋子，身穿當時英、法等國家貴婦人的流行服飾來
裝扮自己。在修改不平等條約以前，日本女性穿洋裝的風氣已開，裝扮也
從頭髮開始及於化妝，迄至明治末年，在地方上也能見到穿洋裝的女性。
也就是說，它扮演了領導明治風俗之角色。圖④：寺島宗則夫人。圖⑥：
岩倉俱視之女戶田極子。圖⑦：刊登於《日本美人帖》的女性洋裝。（圖④、
圖⑦：三越資料館所典藏；圖⑤、圖⑧：吉田小五郎所典藏；圖⑥：大垣
圖書館所典藏）

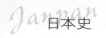

第二節　自由民權運動與立憲政治的起步

一、士族的叛亂

由於維新的變革而受到最大打擊的就是士族，生活遭逢劇變而陷於失意深淵的士族們，更因俸祿制度廢除後生活愈益困窘，而這種窘迫便立刻變成對新政府的反感。

士族們的反政府情緒，發洩於不斷暗殺政府大官方面。1873 年（明治六年），因主張征韓失敗而下野的西鄉隆盛、江藤新平等人，便在地方上聚集同志批判政府以發抒其銳氣。因此，政府除致力救濟士族外，為防他們叛亂而計畫出兵海外（1874 年入侵臺灣），或發布〈廢刀令〉（1876 年 1 月），然對新措施感到不滿的士族依然繼續反抗政府，擁護江藤新平在佐賀（九州西北部）發動變亂而被捕殺。九州熊本的敬神黨（神風連）則以發布〈廢刀令〉為契機蜂起，秋月（福岡縣）及萩（山口縣）等地的叛亂相呼應，但旋被平定。雖然如此，這種不安穩的情勢仍引爆西南戰爭。

西鄉隆盛於主張征韓失敗辭官返回故鄉鹿兒島後，即創辦學校教育士族子弟，欲藉此實現經營大陸的初衷。除薩摩藩外，仰慕西鄉盛名入此私校之他藩士族子弟亦復不少，因此在各地共設十一所分校。在那些學生中，多對當時政府有反感，故西鄉此校與板垣退助所組織的立志社，便宛如反對明治政府的兩大敵國。因此，政府乃加以嚴密監視及警戒，派遣警察員吏刺探內情。私校學生得悉後即予拘捕，於1877 年（明治十年）1 月簇擁西鄉舉兵，包圍熊本城。此一戰役給全國各地不滿現狀的士族很大的衝擊，故土佐之立志社亦有擬響應此舉者，但都在事前被捕。對於叛軍，政府派遣新編制的平民部隊從四面攻擊，故死守熊本城達五十日之久的谷干城，終於突破叛軍包圍，與城外之政府軍聯絡。於是戰況便呈現有利於政府軍的局面。9 月，政

府軍包圍敗殘之兵於鹿兒島，西鄉敗死於城山。此一戰役之所以能夠擴大成為長達八個月之久的獨立大動亂，其因在於鹿兒島縣的縣政由舊藩出身者主持，掌握財政實權如一個獨立國。然由徵兵制徵調的農工商人子弟之兵，與從關東、東北地方招募的警視隊，卻以近代的裝備擊敗薩摩勇士之精銳，終於使對政府有不平之鳴的士族領悟難以武力來對抗。

二、自由民權運動

維新以後，隨著文明開化機運的高昂，各方面興起欲使人們從封建的束縛獲得解放，及確立人格尊嚴的運動。尤其隨著產業革命的進展，要求經濟活動自由的呼聲日高，在政治上，自由民權運動也開始昂揚。此一思想有兩個系統，其一是系出亞當・史密斯等英國功利主義之流的中村正直與福澤諭吉等，尤其福澤設立慶應義塾從事育英工作，並經由其著作言天賦人權與自由平等。同時又說以實用功利之道制己以益他人。這種思想代表了在藩閥政府庇護下逐漸成長的產業界人士之立場。西周、加藤弘之等人也以其所辦《明六雜誌》為中心，致力打破封建思想的桎梏。其受法國盧梭等人影響的天賦人權思想，則從 1877 年前後開始興盛，產生由中江兆民、植木枝盛、大井憲太郎等人所倡導，要求設置國會、制訂憲法等實施民主主義政策的自由民權運動。

當隨著英國的自由思想與天賦人權論被介紹到日本以後不久，便成為自由民權運動的政治理念。因主張征韓失敗而離開政府的前參議板垣退助、後藤象二郎、江藤新平、副島種臣等，於 1874 年（明治七年）1 月向左院提出《民撰議院設立建白書》，以攻擊藩閥官僚的專制政治，要求開設民選議院。當此建白書被報紙公開後，因贊成與否而展開論爭，成為自由民權運動的導火線。同年，板垣在其故鄉高知縣與同志片岡健吉等組織立志社；翌年則於大阪與全國有志之士共組愛國社。另一方面，大久保利通等政府首腦為緩和反政府的輿論，乃要

求因反對出兵臺灣而下野的木戶孝允、板垣退助等人會談，要求他們返回政府任職，並接受他們日後朝向立憲政體為目標的條件（大阪會議）。結果，木戶、板垣重返政府任職，於同年4月發布〈漸次樹立憲政體〉的詔敕，並設置作為立法上諮詢機構的元老院，與作為最高法院的大審院。同時，為使民情能夠反映於政治，又組織由府知事、縣令所組成的「地方官會議」。然而政府卻於同年6月公布《讒謗律》、〈新聞條例〉及〈出版條例〉，嚴厲取締反政府的言論。因此，板垣退助再度離開政府。

西南戰爭爆發的1877年6月，立志社的片岡健吉等人嚴厲批判政府在內政、外交方面的失敗，向天皇提出開設國會等的《建議書》（立志社建白）。翌年，以立志社為中心，在大阪舉行因板垣返回政府任職而自然解散的愛國社的復會大會。參與自由民權運動者原以不滿政府作為的士族為中心，但從此一時期開始，要求減輕地租的地主、豪農，及對政府的政商保護政策感到不滿的中小資本家也加入他們的行列，因此運動急速發展。自由民權派根據於1880年在愛國社第四次大會所作決議，重新組織「國會期成同盟」，向政府提出開設國會的請願書，這種運動遂發展成為全國性的國民運動。同年，政府公布〈集會條例〉，藉謀鎮壓此一運動。

由於請願書太多，所以政府拒收，雖然如此，卻無法抗拒逼迫而

圖39：諷刺鎮壓言論的漫畫　警察為使倡導民權論的新聞記者不作聲，以毛巾將他們的嘴巴堵起來，以之鎮壓。

來的民權運動，故藩閥政府不得不於 1881 年 10 月召開御前會議，為緩和此一運動而下詔與他們約定於 1890 年開設國會，沸騰一時的輿論方才歸於寂靜。有人欲藉國會的開設以實現政見而組織政黨，其中具有代表性的就是自由黨與立憲改進黨。自由黨是以國會期成同盟為中心，以板垣退助為總理，站在法國式急進的自由民權思想立場，主要以農村為地盤從事積極活動。立憲改進黨則以大隈重信為中心，以英國式穩健踏實的立憲政治為理想，而獲地方上的地主與一般知識階層的支持，尤與都市新興資本家三菱的關係密切。此外，尚有被稱為政府御用政黨的保守的立憲帝政黨，它是以福地源一郎為中心組成，但其勢力小而未成氣候。

三、制訂憲法

當政府決定開設國會後，乃以伊藤博文為中心研擬憲法的條文。伊藤為草擬條文，曾至歐洲考察，而獲德、奧等國家的專家們指點。自由民權的各黨派也各自草擬自認為是理想的憲法草案（私擬憲法）。1884 年政府設「制度取調局」，以伊藤博文為總裁，在金子堅太郎的參與下，於極端秘密的情況下作成憲法草案後將它轉給樞密院，於 1889 年（明治二十二年）2 月 11 日紀元節（開國紀念日）予以公布。這個憲法的特色是： 1.軍事、外交等大權屬於天皇，議會不予干預。 2.內閣不向議會負一切責任。 3.議會如否決政府預算，政府得執行前一年度預算。 4.政府得以天皇的權限解散國會。這個主權在天皇，文武官員的任命，陸海軍統帥、宣戰、媾和、締結條約等大權都屬天皇而議會不能過問的憲法，在天皇的統治之下三權分立，國務大臣只對天皇負責。帝國議會由眾議院與貴族院的兩院構成，其能參加選舉投票的，限於繳十五圓以上之直接稅者，所以除非是資本家或有二町以上的土地者，否則根本沒有投票權。雖然如此，終於 1890 年 11 月召開第一屆帝國議會，步上議會政治之路，日本也終於成為憲政國家。

此一憲法雖採近代立憲政治的形式，然因天皇掌握極大權限，及

在天皇下的政府權力大，致國民的權利受到很大的圍限，給日後的國家前進路線帶來莫大之影響。

在軍制方面，1878 年（明治十一年）於陸軍省之外設參謀本部以為指揮軍隊的軍令機構，海軍則於日後置海軍軍令部。1882 年頒布《軍人敕諭》，其內容是禁止軍人干政，軍人須對天皇盡忠，長官的命令就是天皇的命令，所以必須服從。而憲法規定陸海軍直屬天皇，內閣的權限不及於此，亦即軍隊的統帥權獨立於政府之外。

第三節　軍國主義的抬頭與資本主義的確立

一、步上軍國主義之路

1874 年（明治七年）當徵兵的軍隊還在逐漸形成之際，政府就在美國公使的煽動與指導下，為將士族與一般人民的反抗情緒轉向國外，及攫取領土與富源，竟悍然侵略臺灣。此一事件意味著這個時期的日本軍隊已不只是「鎮壓國內」的工具，而開始以侵略海外為目標。

日本侵略朝鮮始於明治初年要求該國開放門戶，因朝鮮堅拒，乃以武力壓制，強迫使之簽訂〈日朝修好條規〉──〈江華條約〉(1876)。此一條約簽訂以後，日本即以改革朝鮮政治為藉口，干涉其內政。此事不僅搖撼東亞的國際關係，也使中、日、朝三國間的關係發生很大的變化。

朝鮮開放門戶以後，與各國之間的貿易於焉開始。對日本而言，朝鮮乃無論在政治上或經濟上都須確保的鄰邦，此係明治政府成立以來所堅持的政策。日朝貿易雖在簽訂〈日朝修好條規〉以前即已存在，但此乃以對馬之宗氏為仲介之前近代式的。開國以後，日本獨佔了朝鮮貿易，直到 1884 年（明治十七年）發生甲申事變為止。此後爆發中日甲午之戰（日清戰爭），因清朝之進出，朝鮮市場遂成為中、日兩國互相角逐的場所。

　　日本雖因簽訂〈日朝修好條規〉而獲得朝鮮市場，貿易額逐年增加，但在政治上的糾葛也日漸加深。相對的，一向視朝鮮為屬國、主張在該國擁有宗主權的清朝，對日本進出該國表示強烈的反對，因此，中、日兩國便因朝鮮問題形成對立。朝鮮則因與日本之間的貿易擴大而物價上漲，加上日本人又利用治外法權而舉止橫暴，致使朝鮮民眾的反日情緒日益高昂。

　　1882 年（明治十五年），朝鮮士兵、民眾以及反對閔妃一派與親日的李太王父親大院君結合，在首都漢城發起兵變。大院君明為鎮撫，暗為煽動，於是兵亂擴大。失控的軍人們不僅破壞政府高級官員的住宅，還包圍日本公使館（壬午兵變，又稱大院君之亂）。結果，簽訂〈濟物浦條約〉。當時中、日兩國雖都曾遣兵，但因閔氏政權自此以後接近清政府，所以清朝加強了對朝鮮的支配權。

　　當時朝鮮國內有親華的事大黨與親日的獨立黨彼此對立。1884 年日本利用中法戰爭的良機，唆使獨立黨發動政變，暗殺事大黨要員，挾持國王召日本公使進宮保衛。所需槍械彈藥由日方以走私方式輸入。獨立黨雖藉日本軍力發動政變，卻為事大黨及清軍所擊而告敗（甲申事變）。因此，中、日兩國的對立更為尖銳。翌年，清政府因朝鮮問題，與日本簽訂〈天津條約〉，雙方都從朝鮮撤兵，日後如要出兵朝鮮，須「行文知照」對方。此中、日兩國平等的派兵權，和事前「行文知照」的相互間義務，留下了中日甲午之戰的禍根。

　　以壬午兵變、甲申事變為契機，除政府當局對朝鮮採強硬方針外，陸海軍也都主張擴充軍備，認為「即使引起民怨，也應加重稅賦，以擴充海軍」。輿論界與文化界也都附和政府，倡言宜對朝鮮採取強硬政策。前此福澤諭吉曾言國際交流之道，以正義、道理為規範，然當日本對中、朝兩國的陰謀未能得逞後，竟改變初衷而倡言對此兩鄰國的態度應如歐美列強。他認為中、朝兩國是無法順應「文明東漸」的國家，故「不出數年就會亡國，其國土必被世界各文明國家所分割而殆無疑慮」。即福澤欲以否定中、朝兩國之間的連帶關係，以倡日本步上

帝國主義之道。

　　1894 年（明治二十七年），朝鮮農民發起人規模的叛亂（甲午農民戰爭，東學黨之亂），朝鮮政府因無力鎮壓此一變亂，乃請求清軍助戰。日本政府獲悉清政府將派兵的消息後，即刻設置「大本營」，並派遣足夠戰勝清軍的大軍前往朝鮮。因大軍抵朝鮮時亂已平，朝鮮乃要求中、日兩國撤兵。日本以改革朝鮮內政為藉口不撤，竟佔領王宮，組織親日政權，要求清軍撤退。6 月 23 日，中國的運輸船高陞號在牙山外海的豐島受日本巡洋艦浪速砲擊而沉沒，中日甲午之戰因此揭開序幕。結果，清廷戰敗，簽訂〈下關條約〉（〈馬關條約〉），清廷承認朝鮮為獨立國，將遼東半島與臺、澎割讓給日本，賠償二億兩，及開長江沿岸的沙市、重慶、蘇州、杭州為通商口岸。旋因俄、德、法三國的干涉，不得不將遼東半島歸還中國，因此又從中國獲得補償金三千萬兩。日本所得賠款二億三千萬兩及其利息約等於日圓三億六千萬圓，但日本卻將其六成多用於擴充軍備方面，且以俄國為假想敵，整軍經武，經日俄戰爭而走上軍國主義的不歸路。

二、資本主義的躍進

　　日本的資本主義在中日甲午之戰以後，至日俄戰爭爆發前夕，以棉紡織等輕工業為中心的第一次產業革命已大致完成，且以日俄戰爭為轉機，步上以重工業部門為中心的第二次產業革命。戰勝俄國後，則確保了獨佔朝鮮與中國東北（滿洲）的市場，從而能夠進出中國本部、東南亞及南洋群島的市場，使輸出額大幅度的增加。然在此一時期，先進資本主義諸國瓜分殖民地已大致完成，所以日本雖是對外貿易的新銳，卻是後進的資本主義，在國際上的發展空間極為有限。職此之故，日俄戰爭以後的十年間，雖將戰勝的霸氣藏於內，以期發展之日到來，卻非埋頭於內部整頓與質的變換不可。其間，進行企業的集中與獨佔化，尤其在日俄戰爭以後，隨著纖維工業部門機械化的完成，公司的合併與卡特爾（Kartell，聯合企業）的活動逐漸活潑。銀

行業也逐漸整併、集中。銀行的集中固為 1889 年（明治二十二年）經濟恐慌以來之事，然與日俄戰爭後至大正 (1912–1926) 初年之間總行數減少相對的，已繳資本卻增加了一倍，存款額與貸款額各增三倍，分行則增加五成。交通方面也以鐵路國有為始，水、陸兩方面都已整備。為產業動脈及運輸軍隊骨幹的鐵路在 1906 年制訂《鐵路國有法》，十七家私人鐵路為政府所收購，因而主要幹線幾乎都成為政府所有；同年末設立南滿洲鐵道株式會社（滿鐵）。在中日甲午之戰以後顯著發達的輕工業，尤其是棉紡織業、絲織業在經過多難的幾次考驗後，朝向第二次質的轉換。

　　與前期發達的各種產業、各種經濟事業之方才進入整理期相對的，造船、汽車、各種機械製造業、電氣、瓦斯及各種礦業等，已開始步向發達之途，尤其水力發電飛躍的發展，給日本產業的生產模式帶來第二次革命的動力。並且由於電燈的普及，動力也因而從蒸氣逐漸轉換為電氣，從而帶動電氣事業的發展。至於鋼鐵業，官營八幡製鐵所（煉鋼廠）的規模擴大而從事正式生產，民間也興建日本製鐵所等，故鋼鐵業急速成長。於是以軍需工業為中心的重工業，在日俄戰爭以後也推進擴充軍備政策而急速發達，所以日本的產業革命在 1907 年（明治四十年）前後已大致達成。

　　隨著資本主義的發展，工廠勞工與交通從業人員增加，而在工廠工作者大都是紡織工廠的女工。她們多數來自農村，以低廉的工資從事長時間的勞動，致有「女工哀史」之詞。一般說來，當時勞工的工作情形大都與紡織廠的女工相仿。

　　勞工增加以後，就產生新的社會問題，亦即他們要求提高待遇。中日甲午戰爭以後，在 1897 年（明治三十年）時，勞工人數已多達四十萬人，他們為要求改善待遇而在各地發生罷工等。同年，高野房太郎呼籲組織工會而組成「職工義友會」，旋因片山潛加入此一組織，使它發展成為「勞働組合期成會」。此後，正式的工會如「日本鐵道矯正會」等相繼產生。在此情形下，政府於 1900 年公布《治安警察法》，

否認勞工們的團結權與罷工權，嚴厲取締勞工運動。因此，勞工運動一時沉寂下來，然至 1907 年時，勞工數已增至六十萬，故隨著勞工的增加，為要求提高待遇與改善工作環境等問題舉行大規模的罷工或暴動。結果，於 1911 年制訂《工場法》，此法雖不完備，但在五年以後才被付諸實施。在農村方面則因其勞動者多是貧困的佃農，他們因苦於高額的田租而與地主之間的糾紛逐漸增加，故於各地組織了「小作人❺組合」。

隨著勞工運動的發展，社會主義運動也興盛起來。為研究社會主義，片山潛、幸德秋水、安部磯雄等於 1898 年組織社會主義研究會，翌年改稱社會主義協會。1901年組織日本的第一個社會主義政黨——「社會民主黨」，但政府立刻下令解散。當日俄戰爭即將爆發時，因《萬朝報》主張參戰，幸德秋水等人乃創立平民社，並發刊《平民新聞》，以倡社會主義及主張反戰。後來這些社會主義者受到政府的徹底鎮壓——大逆事件❻，致此運動完全沉寂下來。

第四節　近代文化的發展

一、明治時期的教育與文化特色

明治政府為迎頭趕上歐美各國，乃揭櫫富國強兵、殖產興業的口號，積極吸收西洋文化，急速移植各方面的文化而盛況空前。因此，此一時期的文化有一個顯著的特色，亦即它是以富國強兵、殖產興業為目的，將吸收的重點放在自然科學、技術、制度方面，而幾乎將思想方面排除在外，形成在傳統文化上移植西洋的物質文

❺即佃農，自耕農稱「自作」。

❻與舊刑法「大逆罪」有關的事件。即幸德秋水等人於 1910 年被疑為企圖暗殺明治天皇而被捕，全國各地有許多社會主義者、無政府主義者也遭逮捕，其中二十六人以大逆罪起訴。除宮下太吉等四人認罪外，其餘人員在毫無證據的情形下，有二十四名被宣判死刑，兩名有期徒刑。旋改判其半數為無期徒刑，幸德秋水、宮下太吉等十二名為死刑。因此一事件的發生，社會主義運動遂沉寂下來。

明，以致外表上發生不少變化而內部變化不多。並且這種吸收係以都市的上層階級為中心，對農村造成的影響速度緩慢。在此情形之下，明治文化便形成東洋與西洋，近代與封建的二元形式，對日後日本的前進路線造成很大的影響。當時雖因東、西文化的對立而在內部造成困擾，卻有人謀求這兩種文化的融合而留下獨創的業績。

明治政府於 1872 年（明治五年）公布學制後，初等教育的發達情形顯著，各種教育制度也逐漸步上軌道。然自首任文部大臣森有禮於 1886 年（明治十九年）制訂《帝國大學令》、《師範學校令》、《中學校令》、《小學校令》等學校令以後，將之前自由主義的教育方針改為帶有濃厚的國家主義色彩；尤其在 1890 年發布強調忠君愛國思想的〈教育敕語〉後，此敕語不僅成為學校教育的基本理念，並且成為國民道德的規範。中日甲午之戰以後，隨著資本主義的急速發達，為謀求振興產業教育，創設許多職業學校與專科學校，並且為促進女子教育，於 1899 年（明治三十二年）發布《高等女學校令》。翌年，免除學費而確立小學四年的國民義務教育。兩年後，小學的就學率已達百分之九〇。日俄戰爭以後的 1907 年，則將義務教育延長為六年以充實學校教育，當時的小學就學率已達百分之九十七。從 1903 年開始，小學教科書須使用文部省編訂的國定本。其間，也整備擴充高等教育機構，公立大學除東京帝國大學外，尚有京都、東北、九州等帝國大學。私立大學則有福澤諭吉的慶應義塾、大隈重信的東京專門學校（日後的早稻田大學）、新島襄的同志社英學校（日後的同志社大學），各以其特色為豪。然而明治政府偏重公立大學，不承認私立大學是根據《大學令》設立的學校。

二、學術與大眾傳播的發達

從明治初年開始，除廣泛吸收歐美各國的人文科學外，以帝國大學為主的各大學及高等教育機構都聘請所謂「御雇外國人」任教，這些外籍教師對當時學術的進步有很大的貢獻。但有時也會因政府的政

治意圖與社會風潮而無法從事自由的學術研究，帝國大學的久米邦武因發表〈神道是祭天的古老風俗〉一文而受神道家的攻擊，以致不得不辭職，即是一例。

　　當時所吸收的法律學、政治學、經濟學以英、德等國家的學說為主，馬克思的社會主義經濟學則於明治後期被介紹到日本。哲學在明治中期由井上哲次郎介紹德國的觀念論以後，德國哲學便成為此一學術領域的主流，西田幾太郎則將禪的思想與德國哲學融合而產生其獨創的哲學體系。

　　當歐美的人文科學被積極地吸收、移植之際，有關哲學、史學、儒學、（日本）國學的東洋或日本的學問，也引進了新的科學研究方式，各自獨立成為國史學、國文學、東洋史學、印度哲學等。東洋史學方面有白鳥庫吉，古典研究方面有津田左右吉，日本民俗學方面則有柳田國男留下不朽的成就。

　　由於明治政府把目標放在富國強兵與殖產興業方面，所以特別注重自然科學而聘請許多外國學者來傳授新技術及從事科學教育，同時也派遣學生至歐美各國留學，以培養人才。這批留學生學成回國後都有相當傑出的表現，例如：醫學方面有留德的北里柴三郎，他完成破傷風的血清治療法 (1890) 後，創設傳染病研究所而發現了鼠疫菌，同一研究所的志賀潔則發現了赤痢菌；留美的野口英世則成功地培養了梅毒螺旋體 (spirocch[a]et)。此外，化學方面有高峰讓吉、鈴木梅太郎，地震學方面有大森房吉，物理學方面有田中館愛橘、長岡半太郎，天文學方面有大村榮等人留下不朽的貢獻。

　　由於印刷文化的普及，促進了國民思想、知識之交流，提昇了市民近代的教養。明治初年，因本木昌造鉛製活字實用化後，圖書、報章、雜誌的出版就較前容易。在幕府末年，對外開放的港埠雖已刊行《巴達維亞新聞》（バタビヤ新聞），維新以後其數目急遽增加，政府的《太政官日誌》與民間的《藻鹽草》（もしほ草）大放異彩。繼則刊行《橫濱每日新聞》等日報。並且在 1869 年（明治二年）公布《新聞

紙刊行條例》以後，無論中央或地方都刊行許多報紙，持歐化主義，更以新文明的先覺者為己任。政府也以它們為促進文明開化的手段而加以保護。當設置「民選議院」之論興起後，各報都將其社論的重點放在政論方面，以批判政治得失，而對政府的鎮壓不稍撓屈。1881年（明治十四年），西園寺公望背負著自由民權的期望，創辦了《東洋自由新聞》，主張言論自由。在1884、1885年間創刊的《讀賣新聞》與《東京繪入新聞》等則以一般民眾為對象，在所有漢字旁標上假名讀音的平易文章，報導市井的各種消息。這兩份報紙都各守領域而互不侵犯，然當《朝日新聞》於1888年創刊，以大報的版面來報導朝夕發生於社會的事件，遂導致報界的大改革。

　　雜誌以1874年創刊的《明六雜誌》為嚆矢，十三年後德富蘇峰創辦《國民之友》，翌年三宅雪嶺創辦雜誌《真善美日本人》，刊登政治、文藝、時事等方面的報導。至於一般圖書的刊行，也從此一時期開始興盛起來。

圖40：《真善美日本人》書影　此係《真善美日本人》的封面，三宅雪嶺（雄二郎，1860–1945論述自己主張的書。真為學術，善是正義，美則指藝術。封面下方的文章顯示其國粹主義之一端。

三、 新文藝運動

明治初年的文學作品大都承襲江戶末期的餘緒，以勸善懲惡為主，和歌與俳句也未能超出前一時代的窠臼。這種傾向在西南戰爭以後，隨著產業的發達與物質生活的提高而逐漸衝破藩籬，開始要求確立新的文藝模式。此一運動的前驅即是英、法、俄等國家文藝作品的翻譯，及隨自由民權論的興起而創作的政治小說。政治小說乃民權論者以表白自己的政見而寫，故在表達與構想方面難免質樸，然其熱情奔放處卻使年輕讀者大為感奮。

自 1881、1882 年前後開始，興起從正面批判之前盛行的傳統文學，而欲創造新的近代文學的運動。這種運動之一，就是新體詩運動 (1882)；其二是坪內逍遙所發表的《小說神髓》(1885)；其三則為二葉亭四迷、山田美妙等人所倡導的言文一致運動 (1886)。其中，《小說神髓》主張小說的正道在於寫實，特別強調將重點放在對人的描寫與心理的觀察方面，給當時的文壇帶來革新的影響，這種態度表現於作品上的就是《當世書生氣質》。

尾崎紅葉則於 1885 年創硯友社，其精練的文體與精細的心理描寫，頗受讀者的歡迎。然坪內與尾崎的作風尚有喜愛江戶情緒的俏皮與任俠的傾向，欠缺探究現實真相的態度。相對的，二葉亭四迷則從研究俄國文學出發，除刊行《幽會》(あひびき) 等翻譯作品外，又經由小說《浮雲》仔細觀察當時的世態與思潮的流動，成功地描寫人們的心理與其生活的各種情態。

當文藝界逐漸產生新趨勢之際，隨著經濟趨於安定，從 1887 年前後開始興起回歸往日的憧憬與自然，將以往寫實精神作更藝術精練的浪漫主義思潮，這種思潮與寫實主義並駕，逐漸居於文壇主流地位。幸田露伴在其作品《五重塔》裏，藉工匠的舉止來表達這種思潮；從德國回來的森鷗外則在《舞姬》表現新浪漫主義作風；這種風潮發展到島崎藤村、土井晚翠等人的新體詩抒情詩運動。島崎係以流麗的調

圖 41：明治時代的住宅
上：此原屬松本家住宅。木造建築之二層樓房，一樓以灰漿造成石造風格，二樓露出木柱，屋頂則用石棉瓦。一樓中央玄關，右端的瓦頂房舍為日本館。下：一樓的書房，暖爐與門邊的曲線是受明治三〇年代 (1897–1907) 所引進阿爾‧奴波的影響。此乃當時最新穎的室內設計，應是與富於變化的外貌對應者。相同的傾向也見於大廳與餐廳。(福岡縣西日本工業俱樂部)

子歌詠近代的感傷，土井則以漢詩的調子歌詠雄渾悲壯的詩思而與島崎並稱於世。在短歌方面，落合直文興起清新的歌風，其門人與謝野晶子則以熱情、浪漫風格的歌調，成為所謂明星派的中心人物。俳句界有正岡子規以蕪村為師，以寫生風格的俳句興起革新運動。至於戲劇，在 1889 年開設劇場「歌舞伎座」，其表演內容也從往日的表現夢幻發展成為以寫實精神為根柢的史劇，坪內逍遙的《桐一葉》(kirihito-ha) 即其代表作。1887 年設公立東京音樂學校，培養了留下〈荒城之月〉、〈花〉等名曲的瀧廉太郎等作曲家。

　　值得注意的是浪漫主義思潮導致對傳統事物的憧憬與重生，從而引起國家意識的昂揚，輸入德國的國家主義，民權主義者也從其立場主張擴充國權。三宅雪嶺等人由政教社發行雜誌《真善美日本人》主張國粹主義；陸羯南創辦報紙《日本》，倡導國民主義；但在食、衣、住與日常生活方面則致力於歐化。

第十章
近代日本與世界的關係

第一節　第一次世界大戰與日本

一、大陸政策的開展

在江戶幕府末期，因歐美列強先後叩關而隱藏著淪為殖民地危機的日本，雖然安然度過此劫，卻依然受到不平等條約的束縛，同時也有外國人居留地與外國部隊屯駐存在，頗損其為獨立國家的顏面。在此情形之下，明治政府欲早日擺脫這種狀態而傾其全力，乃理所當然之事；當時的日本國民，也都以洒雪此恥為最大願望。然在具體上，究竟要用什麼方式袪除這種不光彩，政府與國民的步調並不一致。因為明治政府漠視了日本國民的要求，走它自己想要走的路線。

明治政府將日本近代化的方針定為富國強兵，亦即欲以強大的軍事力量來抗禦列強的壓力，故一切政策都朝向這個方向發展。這個方針，既未重視人民生活的實情，也未曾考慮真正的強兵到底要在怎樣的條件下才能夠成立，只將全力貫注於充實表面上的軍事力量而已。

明治維新之前，俄國的勢力從北方壓迫到日本。這時日本志士當

中已產生防北的主張。開發北海道的政策，即由此而起。此防北政策，既為北進的基礎，也是豐臣秀吉以來的傳統政策。他們唯一的目的，就是要征服朝鮮，侵略中國東北。

日本對朝鮮的窺伺，可以回溯到十九世紀六〇年代末期。對馬藩主早於 1868 年（明治元年）就曾奉明治政府之命，託辭「修好」，試圖打開朝鮮的大門。然在當時，朝鮮攝政大院君李昰應力持閉關鎖國政策，拒絕與任何資本主義國家往來。前此兩年，當法國與美國先後派艦闖入朝鮮，圖謀以武力迫使其開關通商時，都被朝鮮軍民奮力擊退。歷史上，日本在神功皇后以前已有征討三韓的事實，在那以後，也曾多次入侵朝鮮，所以對它尤存戒心。拒絕不納日本要求，自是意料中事。但日本覬覦朝鮮之心不死，兩年後又遣使前往朝鮮，重申前說，然仍為其所拒。明治政府見外交誘謀無效，遂思派兵入侵。但又慮中國為援，難期必勝，乃改圖臺灣。

及至臺灣事件交涉得逞，其勢益形鴟張，遂悍然至朝鮮尋釁，先後製造江華島事件、甲申事變，及利用壬午兵變等，陰謀破壞中、朝兩國之間的傳統關係。

二、軍部一意孤行

以壬午兵變、甲申事變為契機，除當局對朝鮮採強硬方針外，陸海軍也都主張擴充軍備。當時的參議院院長山縣有朋強調：「中國在將來一定進攻日本。」故提議重編軍備，及擴充軍備。岩倉俱視則說：「即使引起民怨，也應加重稅賦，以擴充海軍。」輿論界與文化界也都附和政府，倡言宜對朝鮮採取強硬政策。

朝鮮自甲申事變以後，其內政腐敗惡濁，民眾已陷入水深火熱，呼號輾轉，託命無所，亂機四伏。但政府當道，作威作福，酒池肉林，到處貪污，竭澤而漁。甚至巫卜妖賤，廣張淫祀。世道日衰，人心凋落。加之外患連年，官吏不思愛國，反而徇私，自為身謀。爭奪權利，顛倒是非。偶有略言時弊者，必遭極刑。職此之故，士大夫以言戒；

朋友相聚，輒以圍棋賭博，酣酒諧謔，無一敢論國事，涉及當道者。人心已死，社稷垂於危亡。

　　在上述情形下，當全羅道的農民因不堪當局的苛政而發生暴亂（東學黨之亂）時，鮮廷竟束手無策而請求清廷遣軍助戡。這使一向對朝鮮虎視眈眈的日本，也派遣大軍至朝鮮伺機向中國尋釁，挑起事端，終於引發甲午之戰（日清戰爭），使朝鮮成為日本的殖民地，復於1910年（明治四十三年）把它兼併為殖民地。

　　明治政府兼併朝鮮後，為鎮壓朝鮮人民的抗日運動，陸軍要求增設兩師以為因應。1911年，中國在孫文的領導下發動辛亥革命，翌年成立中華民國。因此，陸軍擴充編制的要求更為強烈。1912年12月，第二次西園寺公望內閣因日俄戰爭所引起的財政困難，乃採緊縮財政政策，將陸軍增設兩師的要求予以否決，因此，陸軍大臣上原勇作不僅直接向甫即位的大正天皇提出辭呈，又不推薦繼任人選，所以第二次西園寺公望內閣便因軍部大臣現役武官制的規定，不得不總辭。

　　西園寺內閣下臺後，由陸軍出身的長州藩閥❶桂太郎組第三次內閣。然因陸軍策劃非立憲的倒閣，及藩閥政治家再次登上政治舞臺，使國民憤慨不已。因此，以政友會的尾崎行雄、立憲國民黨的犬養毅等人為中心，在「打破閥族、擁護憲政」的口號下，展開擁護憲政運動，而有許多苦於日俄戰爭後重稅的工商界人士與都市居民加入其行列（第一次護憲運動）。因此，桂內閣不得不於翌年2月提出總辭，距其內閣的成立，僅五十餘日而已（大正政變）。

　　桂太郎下臺後，薩摩閥的海軍大將山本權兵衛與政友會結合組閣。山本內閣雖因受輿論壓力，廢除軍部大

❶所謂藩閥，主要指在明治維新時扮演重要角色的薩摩、長州、土佐、肥後四藩之領導階層在維新以後，也倚靠自己出身之藩，組織派閥，獨佔政權的政治型態。

圖 42：大正天皇與山縣有朋、桂太郎　此係大正天皇於 1912 年行幸芽城臺公爵樞密院議長山縣有朋之宅第（現今東京目白之「椿山莊」）時所攝。大正（中央）左邊為山縣，右為侍從長兼內大臣桂太郎。桂太郎在不久以後離開宮中重返政壇，組織第三次桂內閣，於次年去世。山縣則至 1922 年死亡為止，獨佔樞密院議長之職位，保持其在政、軍兩方面的勢力，成為大正年間的主角。

❷因建造軍艦問題，海軍與英國畢卡斯公司及德國西門子公司之間引爆的貪污事件。

臣現役武官制，但對廢除營業稅的要求則未予理會。因此，當海軍高階層軍官的貪污事件❷於 1914 年（大正三年）被揭發後，彈劾內閣的都市民眾運動再次昂揚，使山本內閣垮臺。同年 4 月，以反政友會獲民眾支持的大隈重信在長州閥的支持下組織第二次內閣。

三、對華〈二十一條要求〉

1914 年（大正三年）6 月 28 日，奧國太子斐迪南 (F. Ferdinand) 夫婦在塞爾維亞首府薩拉耶佛受到槍擊，震驚了全球。此一槍擊，成為爆發第一次世界大戰的導火線。7 月 28 日，奧匈帝國對塞爾維亞宣戰；8 月 1 日，德國對俄國宣戰，兩日後，又對法國宣戰。4 日，英國對德國宣戰，於是協約國與同盟國雙方各國相繼參戰。戰區之廣，規模之大，戰鬥之嚴酷、激烈，俱屬空前。

戰爭爆發後，英國因與日本有同盟關係，原擬請日

本政府援助，後來則拒絕日本參戰。英國既然撤銷邀請日本參戰，日本政府理應無所謂對德宣戰的問題，但日本政府竟於 8 月 15 日向德國發出最後通牒，23 日對德宣戰。結果，日軍不僅佔領德國租借的膠州灣，還強佔膠濟鐵路，進攻青島，並將整個佔領區實施軍事管理。

大戰爆發後，日本政府利用列強無暇顧及亞洲問題的良機，於 1915 年（大正四年）1 月，向中華民國的袁世凱政府提出〈二十一條要求〉。由於要求的內容嚴重侵害中國主權，故遭中國強烈反對。但日本政府發出最後通牒，強迫袁世凱政府接受其大部分要求。因此，中國乃以袁世凱接受日方要求的 5 月 9 日為國恥紀念日，並在全國各地展開激烈的排日運動。

二十一條交涉結束後，大隈重信內閣因發生貪污事件，導致外務大臣加藤高明去職。結果，在加藤外交一元化政策下受到壓抑的陸軍，尤其是參謀本部又活躍起來。自此浪人與軍部對內閣的影響加深，對中國的侵略也更為積極。

1916 年 10 月，陸軍大將寺內正毅獲政友會的支持組閣。寺內首相在沒有確實的擔保下，將一億四千萬圓的鉅款借給段祺瑞政府（西原借款），擬實質操控該政府，卻因段祺瑞失位而血本無歸。同年，與俄國簽訂第四次〈日俄協約〉，以防中國落入有敵視日本和俄國可能之第三國的政治控制之下，將來有必要時，應隨時開誠交換意見並商定措施，以阻止這種情況發生。兩簽約國之一方與上文所指第三國宣戰時，締約國之一方一經請求，即須給予協助，未得對方同意不得單獨媾和。雖然如此，〈日俄協約〉卻因俄國革命政府於 1917 年宣布廢除而失效。

美國雖一直嚴厲批判日本入侵中國，卻於 1917 年與日本簽訂〈石井‧藍辛協定〉，日本原則上支持美國所主張維護中國領土的完整，與門戶開放、機會均等等原則，同時也使美國承認日本在中國的特殊利益。

第二節　市民文化的發展

一、第一次世界大戰後的國情

　　第一次世界大戰爆發後，因交戰各國爭相向日本購買軍火，使日本資本主義急速發達，出口金額較戰前增加四倍而鉅額出超，海洋運輸業與貿易界、礦業界成為暴發戶，同時也使在明治年間就已奠定基礎的三井、三菱、安田、住友等財閥的財經基礎更為穩固，形成強大的金融資本，逐漸鞏固了他們在經濟界的支配體制。

　　因大戰而來的資本主義的發達，不僅使勞動人口增加，也使得都市人口膨漲。勞工們的工資雖增加，卻趕不上物價的上昇，尤以米價的暴漲為最。1918 年 7 月，以富山縣鄉間的主婦們要求停止米的出口與降價出售為契機，在全國發生暴動（米騷動）。寺田正毅內閣雖為此派出警察與部隊鎮壓，卻為此事件引咎辭職。

　　歐洲方面的戰事原有利於德國，但出乎德國意料之外的是在法國北部的馬恩 (Marne) 會戰後，速戰速決的作戰方式受挫而轉為碉堡戰。在海洋德國則以潛艇對付居於壓倒性優勢的英國海軍的封鎖，連中立國的船隻也予以擊沉。1917 年，美國加入同盟國行列參戰，支援英、法、比諸軍而大勢遂定。同年 3 月（陽曆），俄國發生革命（三月革命，中、俄等國家稱二月革命）；11 月，在列寧 (V. Lenin) 領導下成立世界上第一個社會主義政權。翌年 3 月，德、奧兩國單獨言和。社會主義政權的成立給各國帶來極大衝擊。日本雖也受到衝擊，卻利用俄國發生革命的良機，擬將原在帝俄勢力之下的北滿及西伯利亞東部納入勢力範圍。同盟國因恐革命的波及，乃以援救被俄國所俘的捷克部隊名義，決定派兵支援反革命勢力。1918 年 8 月寺內正毅內閣向西伯利亞及北滿出兵，以為同盟國的主力。由於各國撤軍後日軍仍繼續停留不撤，日本被認為有領土野心而受到嚴厲譴責。因停留時間長達四年餘，

不僅付出鉅額費用，也犧牲許多人命，所以在國內也受到強烈批判，直至 1922 年（大正十一年）10 月方才撤兵❸。

　　大戰結束後，為維持世界和平而在美國總統威爾遜 (W. Wilson) 的提議下設置國際聯盟，日本被選為常任理事國。以威爾遜所倡民族自決為契機，朝鮮人要求獨立的機運昂揚，於 1919 年 3 月 1 日在漢城發生民眾高喊「獨立萬歲」的示威運動，旋擴及全國各地，在大約一年的時間裡，約有兩百萬民眾參與此一運動（三・一獨立運動）。日本政府（原敬內閣）派遣軍隊與警察予以徹底鎮壓，犧牲者約有七千六百人。1921 年在美國總統哈丁（W. Harding）的提議下召開華盛頓會議。翌年，舉行美、英、日、法、義五國的裁軍會議。繼則為尊重中國主權、門戶開放、機會均等而簽訂〈九國公約〉(1922)。這些條約乃為抑制日本在中國的侵略行為而訂。日本在列強面前，不得不接受。

二、文化發展

　　從大正年間至昭和初期的文化，最大的特色，就是文化的大眾化。其所以能夠大眾化的原因在於義務教育的徹底使人人識字，擴充高等教育機構使學生、知識分子增加。隨著資本主義的急速發達，都市人口遽增，薪水階級的人數也增多。更由於大眾傳播事業的發達，促進了文化的大眾化。而大正自由民權運動的昂揚與「米騷動」以後的社會運動的開展，也給文化帶來各種各樣的影響。

　　從 1903 年開始，東京已有常設的電影院，數年後普及於全國各地，成為大眾娛樂。1925 年開始播放無線

❸庫頁島北部則依舊駐紮，直到 1925 年（大正十四年）簽訂〈日俄基本條約〉，俄國發生革命後八年方才建立邦交，然後撤兵。

電廣播，六年後的收聽者已超過百萬人。收音機的實況轉播使運動迷的層面擴大，歌曲及其他的娛樂節目也滲透至一般民眾之間。

第一次世界大戰爆發後，因染料、醫藥、各種機械的進口中斷，為謀求自給自足而擴充研究機構；戰後也繼續從事有組織的研究。由於學者們的埋頭研究，至大正末年時雖已有不少部門達到世界水準，卻因偏向於軍事方面的各種科學，致與技術方面的結合有落差而反映日本資本主義的後進性，及欠缺綜合性、統一性。

日俄戰爭期間，無線電信已為軍部所用，戰後隨著重工業的發展，利用電動機械的工廠增加。1903 年，長岡半太郎發表原子模型的研究結果，本多光太郎發明的鎳鋼與一般鋼鐵的合金，在製造武器上具有重大意義。電氣引擎的改良則使電車普及起來。

與自然科學相較，人文科學有顯著落後之感。隨著自由民權運動的高昂，引進了政治學，且以編修法典為契機，移植了法國與德國的法律學。日俄戰爭後因經濟問題甚囂塵上，開始研究經濟學與社會學。正式開始研究哲學係在十九世紀末，而德國哲學家魯道夫·歐依肯 (Rudolf Eucken) 與法國哲學家亨利·伯克遜 (Henri Bergson) 等的理想主義哲學頗為盛行，至二十世紀初，實證論的思想達到高潮。大正年間則興起康德的新理想主義哲學，但大都未能擺脫模仿歐美的範疇。雖然如此，卻也產生如西田幾太郎具有獨創性的哲學家。

文學方面有以雜誌《白樺》（1910 年創刊）為中心活躍的作家，而武者小路實篤、志賀直哉、有島武郎等人發表以人道主義、理想主義為內容的作品，取代自然主義文學而成為大正文學的主流。永井荷風、谷崎潤一郎等則發表耽美的作品，夏目漱石門下的芥川龍之介、菊池寬等則根據個人主義、藝術主義，從事現實人生的描寫。1923 年（大正十二年），關東地方發生大地震，《白樺》雜誌因而停刊，白樺派的時代結束。之後，橫光利一、川端康成等欲把握現實感覺的新感覺派活躍於文壇。另一方面則隨著社會運動的發展產生無產階級文學，小林多喜二、德永直等人的作品引人注目。

圖43：雜誌《白樺》書影　1910年4月，以同人雜誌出發的《白樺》，以發揮每位作者的天分與自我成長為第一義，故其特質不僅有異於之前的文學，也象徵了告別沉悶的「明治」，開創新的時代。

　　詩壇有高村光太郎、萩原朔太郎、室生犀星等人較著名，短歌有島木赤彥、齋藤茂吉；俳句則有高濱虛子、河東碧梧桐活躍著。隨著大眾傳播事業的發達，菊池寬、久米正雄等人以「大眾作家」著稱於世。

　　從大正末年至昭和初期的文壇特色之一，就是出現可謂空前絕後的「同人雜誌❹時代」。從第三高等學校進入東京大學的尾井基次郎、中谷孝雄、外村繁、三好達治、北川冬彥等人所辦的《青空》，從第四高等學校進入東京大學的中野重治、窪川鶴次郎和堀辰雄所辦的《驢馬》，阿部知二、舟橋聖一所辦的《朱門》，早稻田系統的尾崎一雄所辦的《主潮》，淺見淵所辦的《朝》，火野葦平、田畑修一郎、中山省三、丹羽文雄等的《街》，慶應系統的《橡》，小林秀雄參加的《山繭》，及中原中也的《白癡》等。

❹由主義、傾向、興趣相同的人共同編輯、發行之雜誌。

　　繼昭和初期文藝時代之後所迎接的是現代主義時期，尤其在詩方面直接從歐洲輸入了二十世紀藝術，於1928年9月創刊，注重知性、理性、合理性與結構的《詩

圖44：無產階級文學雜誌　成為無產階級文學出發點的《種蒔く人》（播種
的人），在 1921 年由小牧近江等人在秋田創刊後，於東京重刊。它揭示反
戰、和平、與解放被壓抑的階層。他們不僅從事文藝運動，也展開實踐活
動而組成廣泛的統一戰線，對於 1923 年關東大震災時所發生龜戶事件，則
發行《種蒔き雜記》（播種雜記，1924 年）以表示強烈抗議之意。《種蒔く
人》停刊後，無產階級文學的陣營便集結於《文藝戰線》（1924 年 6 月）。
當時雖出了葉山嘉樹、黑島傳治、藏原唯人等作家，卻一再鬧分裂。至全
日本無產者藝術聯盟創刊《戰旗》（1928 年 5 月），運動的主流便從文戰派
轉移到戰旗派。

圖45：生生流轉（部分）　橫山大觀的代表作。將一滴水成澤，成為大河，
流入海洋，變成海嘯，終於成雲的過程，用長達四十公尺的長卷來描繪之
水墨畫。（作於 1923 年，東京國立近代美術館典藏）

與詩論》，主要作家有春山行夫、西脅順三郎、北園克衛等。

在美術方面，西畫以岸田劉生、安井曾太郎、梅原龍三郎為著，日本畫則以橫山大觀、下村觀山、竹內栖鳳、安田靫彥、小林古怪等著稱於世。

音樂方面有組織日本交響樂協會（西元 1925 年）的山田耕作，戲劇方面有小山內薰、土方與志等以築地小劇場為中心活躍著。

第三節　金融危機與出兵山東

一、資本主義的躍進與金融危機

日本的資本主義從中日甲午之戰以後至日俄戰爭的十年間，以棉紡織等輕工業為中心的第一次產業革命已大致完成，並以日俄戰爭為轉機，開始進入以重工業為中心的第二次產業革命。戰勝帝俄後獨佔了韓國與中國東北地方的市場，並且能夠進出華北、華中、華南、東南亞以及南洋一帶的市場，出口貿易急速成長。海外市場的擴大刺激了出口產業的急速發達，尤其棉紡織品的出口額在 1921 年前後凌駕絲織品，成為紡織類的主要出口貨，迎頭趕上美國而奠定日本棉業的世界性地位。至於日本紡織界開始在中國投資，成為對中國投資的重要項目之一，也值得注意。重工業方面也有驚人發展。鋼鐵業在一貫的軍事統制下，擴充八幡製鐵所與興建滿鐵鞍山製鐵所。復由於民間鋼鐵業的發達，使此一方面的產業有長足的進步。但它能夠滿足國內需要，則尚需等到太平洋戰爭發生之時。機械工業，尤其造船業工業，因世界各國的需求增加，在 1916 年以後開始出超。在此一領域的產業中起步最晚的工作母機，在此一時期也已開始向英、法等國家出口。化學工業則因杜絕外國產品進口而獲國家保護，得以蓬勃發展；尤其工業藥品製造業的進步，令人耳目一新。海運方面則藉第一次世界大戰後各國海運力量下降的機會，日本郵船、大阪商船及其他各大小輪

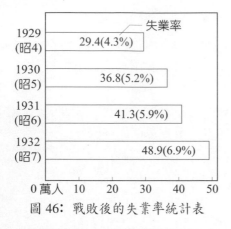

圖46：戰敗後的失業率統計表

失業率

1929
(昭4) 29.4(4.3%)

1930
(昭5) 36.8(5.2%)

1931
(昭6) 41.3(5.9%)

1932
(昭7) 48.9(6.9%)

0 萬人 10 20 30 40 50

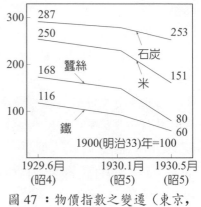

圖47：物價指數之變遷（東京，批發）

1900(明治33)年=100

1929.6月   1930.1月   1930.5月
(昭4)   (昭5)   (昭5)

圖 48：東北地方饑饉的慘狀　因受1929 年（昭和四年）以來的世界經濟大萎縮的影響，稻米與蠶繭的價格大跌，而東北地方又於 1931、1934 年遇到大歉收，致許多農家都陷於貧困的深淵。這張照片是學童們正在吃救濟飯糰的情形。

船公司大肆活躍，其利益也從三倍增至六倍，使日本躍居世界第三位的海運國家。

　　日俄戰爭以後的輕、重工業雖有驚人的發展，但好景不常，第一次世界大戰以後，經濟陷於慢性的不景氣，此與歐洲各國經濟不景氣有密切關聯。當時的歐洲無論戰勝國或戰敗國，均因無法償付鉅額債務與維持極端膨脹的生產機構，乃將剩餘物資傾銷亞洲市場，並且排斥在華日貨，對於日本的經濟發展帶來極大打擊。更由於日本國內又謀求產業的合理化，提高關稅以阻止外國產品進口，使日本產品的出口愈益困難。在此情形之下，銀行呆帳增多，但國家歲出又年年增加，

對外貿易又年年入超。這種國際性、國內性的矛盾遂爆發成為 1927 年（昭和二年）的金融危機。從同年 10 月至翌年 5 月之間休業的金融機構有臺灣銀行、十五銀行等三十七家。若槻禮次郎內閣雖為此採因應措施，卻無法力挽狂瀾而下臺，由退役陸軍大將轉任立憲政友會總裁的田中義一組閣，實施為期三週的〈延期支付令〉，方才度過此一危機。於是弱小銀行被整併，存款集中於三井、三菱、第一、安田等大銀行，日本的財經界便受到大財閥獨佔資本的強力支配；而在金融危機裡傷害最大的則是中小銀行的存款戶與倒閉的中小企業。

　　1929 年（昭和四年）7 月，立憲民政黨的濱口雄幸內閣取代田中義一內閣。濱口內閣為打破慢性不景氣的局面，乃以財經專家井上準之助為大藏大臣（財政部長），推行財政緊縮與產業合理化政策。1930 年 1 月開放黃金出口，安定匯兌行市以振興出口，並藉由開放黃金出口，以謀經濟界的合理化及加強國際競爭力。可是，1929 年 10 月發生於美國的經濟大危機，卻立刻波及資本主義各國，日本亦被捲入其漩渦。濱口內閣的緊縮政策受其影響，而使日本經濟跌進深淵，不僅出口量萎縮，中小企業相繼倒閉，失業人口急遽增加（昭和恐慌），農村也因稻米等農產品價格的暴跌，與向美輸出的蠶絲數量大幅度減少等問題而深受打擊，使原本不寬裕的農家經濟雪上加霜。至於在世界金融危機下所採的開放黃金出口政策，實無異於狂風暴雨下大開窗戶的行為，故所受影響自不待言❺。在此情形之下，政府乃推行產業合理化政策以因應不景氣，並於 1931 年制訂《重要產業統制法》，以助長企業的聯合。於是獨佔資本與國家之間的結合加強，以致由財閥獨佔的產業支配又向前邁

❺政府的黃金開放政策除使貿易收支呈現赤字外，預期黃金將再禁止出口，及購買美金等，導致鉅額的黃金流出海外。

出了一大步。

二、出兵山東

對中國而言，從 1921 年（大正十年）11 月開始的華盛頓會議，乃解決山東問題的良機。此一會議簽訂的〈九國公約〉，否定了日本在中國的特殊權益。翌年 2 月，在華盛頓簽署〈解決有關山東懸案條約〉；3 月，簽署〈有關山東鐵路沿線撤兵之協定〉；至 12 月，日本移交膠州灣的行政權，並撤走青島守備部隊，才解決了山東問題。

1928 年以後，中國政府廢除所有期限已屆滿的不平等條約，與比利時、西班牙等國家另立平等的新約，並廢除治外法權及其他種種特權。與之同時，中國加強與國際聯盟之間的協力，俾能夠早日恢復舊日大國的地位。面對自英、美的壓力，與中國國民革命軍北伐的挑戰，加藤高明護憲三派內閣於 1924 年 6 月 11 日成立，以幣原喜重郎為外務大臣。從 1924 年 6 月至 1931 年末的外交，係由幣原喜重郎與田中義一負責，即所謂「幣原外交與田中外交時代」。他們兩人的對華政策，雖都離不開蠶食鯨吞中國，但兩者作風有異。幣原對華政策的四原則是：

1. 不干涉中國內政。
2. 合理維護日本合理的權益。
3. 同情中國的現狀與對中國寬容的態度。
4. 在經濟上與中國提攜，以謀中、日兩國的共存共榮。

此四項原則只不過是手段上的變更，基本上，他無論如何也要維護日本在中國的「正當利益」，即他始終牢牢地守著根據條約及由侵略獲得的各項權益。

1927 年 4 月，若槻禮次郎內閣因東京渡邊銀行、中井銀行相繼停業，左右田、八十四、中澤銀行發生擠兌，村井銀行因擠兌而停業，

臺灣銀行破產，金融危機表面化，及中國的排日運動和動亂，幣原外交的作風等問題，使樞密院、軍部、政友會深感不滿而下臺。同月，政友會總裁山縣有朋的繼承人田中義一受命組閣。田中擔任首相後，自兼外務大臣，並任命在三井物產株式會社服務的森恪為外務省政務次官。同年參加日內瓦的裁軍會議，翌年簽署〈非戰公約〉，採與歐美合作的態度，但對中國則採強硬政策。

田中義一內閣的出現（4月20日），與蔣介石樹立南京政府（4月18日）幾乎同一時間。蔣介石除樹立南京的國民政府外，在上海斷然從事剿共。蔣氏的此一措施既在鎮壓中共，也欲防國際糾紛於未然。然前此一向堅持不干涉主義而與中國民族主義協調的幣原協調外交，正對蔣介石朝向自制之際，竟因田中之上臺而驟然轉變為積極的強硬外交。

蔣介石渡長江北伐後，於5月12日派遣蔣方震赴日，謀求田中內閣的諒解。田中悍然提出北伐部隊必須在徐州停止前進。田中的意思是：日本同意蔣介石統一山海關以南地區，但必須承認張作霖統治東北。如能暫時拖延蔣氏北伐，日本可爭取時間與張作霖就取得在東北的新路權，與解決商租土地權等問題達成協議，甚至可以爭取以條約形式使日本所得新權益獲得確認。

當北伐軍攻破河南的張作霖部隊，直向北京、天津而逼近濟南之際，日本以保護僑民為由，於同月從關東軍抽調兩千兵員至青島。日本國內對派兵至山東的問題，贊成與反對都有。中國對日本擅自出兵的反應非常強烈；迄至下旬，排日、反日運動在上海、廈門、廣州及全國各地展開。

6月上旬，中國北洋軍閥的形勢日非，孫傳芳從中旬開始經由海、陸兩路朝青島與膠濟鐵路撤退。7月3日，在膠州的陳以榮豎叛旗加入北伐軍，企圖奪取青島。日本認為事態嚴重，決定增援而第二次出兵山東（兵員二千餘），直至9月15日，才回到廣島的宇品港。

田中第一次出兵山東，不僅引起以社會主義者為中心的對華不干

涉運動成員之譴責，對於第二次出兵，報刊論調也對田中內閣的失策和走向戰爭危機有了批判的傾向，曾經批判幣原外交而支持過田中外交的紡織界也開始出現了動搖。

在內政方面，田中內閣對社會運動採強硬態度。1928 年 2 月首次舉行普選，在嚴厲狀況下有八名無產政黨❻的成員當選。當局驚於日本共產黨的公然活動，遂於 3 月 15 日大規模檢舉共產黨員與其支持者（三·一五事件）。並且為取締社會運動而將特別高等警察（特高）配置全國各地，且於次年 4 月再次檢舉共產黨徒（四·一六事件）。

❻當時的無產政黨有右派的社會民政黨、左派的勞動農民黨，及中間派的日本勞農黨等。

第四節　法西斯主義與中日戰爭

一、法西斯主義興起

1927 年 9 月間，中國的武漢政府併入南京政府，但國民黨的內訌依然不斷。為克服混亂局面，國民政府請在日本訪問的蔣介石回國。蔣介石回國之前，於 11 月 5 日會晤田中義一首相。田中決定支持蔣介石的反共行動，同時勸他不要急於北伐，要他先加強長江以南的統治，努力根除共產主義。田中之所以對蔣介石說出這種話，其目的之一就是希望他消除共產黨，其二則為使他拖延北伐時間，以便保全張作霖，使張作霖成為日本傀儡，俾便日本有更從容的時間來擴大其在中國東北地方的特殊權益。前此 10 月 15 日，滿鐵社長山本條太郎奉田中義一之命，與張作霖談判，議訂修築滿洲五鐵路的密約。蔣介石贊同田中的反共，但同時又說中國之所以

排日，肇因於日本支持張作霖。並且表示要重新北伐，日本必須「助吾等同志，完成革命，消除國民黨之誤解，如此則滿蒙的問題易解，排日問題必可因而消除」，而未同意田中的建議。11月8日，蔣介石應國民黨電召返國。

12月23日，田中訓令駐上海總領事矢田七太郎秘密「告誡」蔣介石，如果北伐軍到濟南，日本政府將為護僑再度出兵山東。26日，矢田奉命至外長黃郛寓所，又一次警告不要北伐。

1928年4月，蔣介石發表〈北伐宣言〉，國民革命軍向北進擊。就在國民革命軍向北進軍之際，日本駐濟南副官酒井隆少佐致電參謀總長要求出兵。駐青島總領事藤田榮介等人也向外務省提出同樣的意見。陸軍大臣白川義則與參謀總長鈴木庄六認為時機適宜應立即出兵。結果，以保護二千一百餘名居留濟南日僑名義，竟派出三千五百名兵員。

5月3日，日軍發動攻擊，殺害中國軍民千人以上。是日深夜，日軍包圍山東交涉署，衝入搜查。中國戰地政務委員會山東特派交涉員蔡公時等被殺，交涉署僅張漢儒一人逃出（濟南慘案）。

日本政府出兵山東與濟南慘案的發生，給張作霖的北京政府極大衝擊，因此張作霖於5月9日中、日兩國交戰之際，除命在前線的各軍撤退外，同時也向蔣介石發出停戰通電，並且自己停戰以表明心跡，有意促成國內統一，組織統一政府，以安定國內，同心協力攘外。

前此4月20日，關東軍向中央呈報，為阻止戰亂波及東北三省，擬採自衛手段。5月2日，又向軍部提出排除張作霖，樹立能順從日本要求的新政府，從而宣布東北三省獨立。由於張作霖不願聽從日本擺布，故關東軍高級參謀河本大作大佐與該軍配置於南滿鐵路沿線的軍官們，竟於同年6月策劃排除張作霖以直接支配東北三省。同月3日，將乘坐專用列車自北京返回奉天的張作霖炸死於距奉天不遠的京奉、南滿兩鐵路的交叉點。張作霖死後，其子張學良易幟，與國民政府合流。田中內閣將此一事件稱為「滿洲某重大事件」，而一味隱匿張

作霖被關東軍炸死的真相，竟連涉案人員也無法加以處罰，只上奏說不知被何人所謀殺，致被昭和天皇斥責而總辭。

田中義一下臺後，由民政黨的濱口雄幸組閣。濱口內閣為推進財政緊縮政策與產業的合理化，實須採取協調外交。然因中國的民族主義運動已擴及東北地方及內蒙古，故幣原外交便被夾在國民政府企圖恢復國權的的強硬態度，與視政府外交為軟弱的軍部之間左右為難。1930年，在倫敦舉行海軍裁軍會議，簽訂〈倫敦海軍裁軍條約〉，但軍部及樞密院、政友會、右翼團體等認為政府未經海軍軍令部長的同意簽字，係侵犯天皇大權而予以嚴厲譴責（干犯統帥權問題），但政府不顧反對完成批准手續，導致濱口首相於同年11月受右翼分子狙擊而重傷，翌年死亡。協調外交遂到了轉折點。

二、中日戰爭

1929年10月，美國爆發經濟危機，此一危機蔓延到世界各國，激化了資本主義內在的各種矛盾，使資本主義各國政治危機尖銳化。這個風暴於翌年3月襲擊日本，導致對外貿易額遽降，而尤以紡織品、工業產品為然。

經濟危機引起了政治危機。地主、資本家企圖將危機所造成的損失轉嫁給農民、工人。大企業家以解雇工人和減產、減薪方式因應，致失業或半失業者多達數百萬人，造成嚴重的社會問題。濱口雄幸被刺後，陸軍內部企圖發動政變，準備於1931年3月20日由少壯軍官闖入國會，逼迫若槻禮次郎內閣總辭，擁戴一向主張將中國東北置於日本統治之下的陸軍大臣宇垣一成組「軍部內閣」。此一企圖雖因故中止，但「確保滿蒙」的思潮卻由於關東軍高級參謀板垣征四郎大佐與參謀作戰室主任石原莞爾中佐等人的鼓吹而日益昂揚。

關東軍為以武力侵略中國東北，於1931年4月及8月分別製造了萬寶山事件❼與中村震太郎事件❽。8月1日，熟悉中國東北情勢的本庄繁中將被任命為關東軍司令，主持研擬「解決滿蒙方策大綱」的

建川美次少將被任命為參謀本部作戰部部長，完成了發動侵略戰爭的部署。9月18日，關東軍在距日軍柳條湖分遣隊約一千四百四十公尺，距中國北大營約八百公尺的爆破地點，將一小包方形炸藥放在鐵軌旁，於十時二十分點燃導火線。爆炸聲並不強烈，爆破規模也小，對火車的通行也無甚影響，但卻是進攻北大營的信號和發動戰爭的藉口。當時若槻禮次郎第二次內閣雖採不擴大事態的方針，但軍部不從，在極短期間內佔據了整個東北。翌年3月，軍部以滿清遜帝溥儀為執政（後改為皇帝），建立偽滿洲帝國，將它置於日本政府的統治之下。為此，中國發動強烈的排日、抗日運動。國民政府不僅非難日本的侵略行為，還向國際聯盟提出控訴。因此，國際聯盟乃派立頓調查團從事實地調查。國際聯盟根據調查報告，提議勸告日本從滿鐵附屬地撤軍，並取消承認偽滿洲國。此一提案經聯盟總會通過後，日本遂退出國際聯盟，將之前的協調外交轉變為孤立外交。1933年日軍復侵攻熱河省與河北省，5月，與國民政府簽訂〈塘沽協定〉，使中國默認日本支配偽滿洲國與熱河省。

　　九一八事變（滿洲事變）以後，軍部與右翼分子的活動活躍，不斷暗殺政黨、財經界的要人，開拓了法西斯主義之路。他們也曾經企圖樹立軍人政權，於1931年3月及10月發動政變（三月事件、十月事件），但未成功。翌年，2月民政黨的前大藏大臣井上準之助、3月三井財閥的中心人物團琢磨遭右翼的血盟團❾暗殺（血盟團事件）。5月15日，以海軍青年軍官為中心的集團射殺政友會出身的首相犬養毅（五・一五事件），軍部即利用此一事件強烈反對政黨內閣，結果，由行事穩健的退役海軍大將齋藤實擔任首相，組織軍部、官吏、政

❼萬寶山在吉林省長春縣北伊通河東岸，明清時曾置戍於此。1931年4月間，韓民租種山下田地，挖掘水道，毀壞中國農民之田畝頗多，雙方發生衝突。

❽1931年6月，日本陸軍參謀本部部員步兵大尉中村震太郎等人在中國東北旅行之際，受命從事地下工作，被中國東北屯墾軍第三團發現，予以拘留。因他們帶有槍械及中、日文之軍用地圖與上面勾劃之校正紀錄，及筆記本紀錄著興安屯墾區的兵力及國防設施，乃確認他們為軍事間諜，由團長關玉衡下令處決。

❾井上日召所領導的右翼團體，以一人一殺主義企圖暗殺政黨與財閥的重要人物。

圖 49: 在柳條湖現場勘查的立頓調查團一行　為調查以柳條湖事件為始的中國東北地方（滿洲）問題，由國際聯盟派遣的立頓調查團（團長為英國立頓爵士），於 1932 年 2 月訪問中國與日本，並從事實地調查及採訪實情，調查結果於同年 10 月公開發表。

黨聯合的所謂「舉國一致內閣」，自大正末年以來的政黨內閣遂告斷絕。此後又發生企圖樹立軍人政權的二·二六事件，政府也極力擴充軍備。1936 年（昭和十一年）11 月，更與德國簽訂〈日德防共協定〉，翌年義大利參加此一協定，1940 年 9 月簽訂〈日德義三國同盟協定〉（軍事同盟）。

　　日本建立偽滿洲國後，復企圖將華北納入支配之下，以獲得更多的資源，竟於 1937 年 7 月 7 日，以日軍受到中國部隊砲擊為藉口採取軍事行動（蘆溝橋事變）。12 月，日軍攻陷南京後，僅僅在月餘時間裏，屠殺包括婦幼在內的南京市民數十萬人（南京大屠殺）。此一暴行不僅受到國際間的譴責，更提高了中國國民的抗戰意識。翌年 7 月，在中、俄邊境的張鼓峰與俄軍發生衝突（張鼓峰事件），1939 年 8 月，復於中、俄邊境的諾門坎與俄軍發生衝突而大敗（諾門坎事件）。1940年 3 月，米內光政內閣雖在中國樹立汪精衛的傀儡政權，但不為國際所承認。

　　在中日戰爭期間，經濟體制被改編成戰時經濟體制，並於 1938 年4 月公布《國家總動員法》，可不經由議會而以敕令調動人員與物資，一切都為戰爭而無視國民生活陷於困窶。隨著戰時體制的推行，文化、思想方面的統制也被加強，所以一般看到的都是有關侵略戰爭的八股

文章。1940 年小學被改稱國民學校，實施徹底的忠君愛國的國家主義教育，全國各地都充滿軍國主義、國粹主義的風潮。

第十一章
現代世界與日本

第一節 第二次世界大戰與國民生活

一、第二次世界大戰爆發與新體制

當中日戰爭正在進行而徹底推行戰時體制之際,軍部展開了對自由主義者的壓迫。1935 年(昭和十年),一直成為政黨政治憲法理論的東京大學教授美濃部達吉所著《天皇機關說》❶受到排擠(國體明徵運動);矢內原忠雄的《帝國主義下的臺灣》、早稻田大學津田左右吉的《神代史的新研究》、《日本上代史研究》等,也都受到軍部與右翼分子的抨擊。這些著作不僅被禁售,他們也因此失去教職。

前此 1919 年(大正八年),義大利的墨索里尼從國粹主義立場,欲復興古代羅馬帝國思想,於 1922 年率領其黨員進軍羅馬,終於掌握政權。德國則是希特勒組織納粹黨,於 1933 年(昭和八年)掌握政權。翌年自

❶憲法學說。言統治權是法人的國家,天皇為其最高機關而行使治權。1935 年,貴族院議員菊池武夫抨擊這種學說為「叛逆思想」,提出這種學說者為學匪,致這部著作被禁售,美濃部達吉不得不辭去貴族院議員之職。

185

任總統，確立獨裁體制，退出國際聯盟，要求廢除〈凡爾賽條約〉，且排斥猶太人。德、義兩國的侵略外交軍事行動，使其鄰國感到威脅。日本方面則是極端的國家主義、軍國主義崛起，軍方與右翼團體倡言應為民族的興亡一決死戰。在此情勢之下，戰爭一觸即發。

　　1938 年（昭和十三年）3 月，德國兼併奧地利，開始對外侵略。一年後兼併捷克，將斯洛伐克 (Czechoslovakia) 保護國化。義大利也在同年 4 月佔領阿爾巴尼亞。5 月，德、義兩國締結軍事同盟。德國為迴避兩方面的正面作戰，8 月與蘇俄簽署〈互不侵犯條約〉，於 9 月進攻波蘭。英、法兩國被迫向德國宣戰，歐戰於焉開始。在 1940 年 5 月之前，德國先後侵略丹麥、比利時、荷蘭諸國，6 月，使法國降伏；7 月，開始進攻英國。同月，義大利也向英、法宣戰。

　　1940 年，米內光政內閣成立，因採不介入歐戰方針，遭軍部杯葛而垮臺。由軍部強烈支持的近衛文麿組閣，採取即使中日戰爭尚未結束，也要加強與德、義兩國的結合以前進南洋，必要時，對英、美行使武力亦在所不惜的方針。並且為獲得戰爭所需的石油，乃利用法、荷被德國佔領的機會，企圖進攻兩國在東南亞的殖民地。同年 9 月，日本以切斷英、美運輸物資援助中國的運輸路線為藉口，侵攻中南半島北部。日本主張聯德、義者羨慕德軍勝利，乃大肆活躍，遂於同月與德、義締結三國軍事同盟，日本的外交行動遂為德、義所左右。

　　日本加入德、義軸心後，美國對日本的態度更為嚴峻。10 月 15 日，美國海軍部長演說時明言準備對德應戰。12 月，羅斯福總統宣言繼續援華，援英。嗣後並對日本採取種種經濟制裁措施，如凍結日本在美基金、禁運石油等。

　　1941 年 4 月，日本為消除北方的威脅，與蘇聯簽訂〈日蘇互不侵犯條約〉，軍方即以此為契機，明白表示其南進的意圖，並且為防萬一而準備與英、美作戰。近衛文麿在組織第二次內閣之前，即為因應長期化的中日戰爭，推動集結全體國民力量的「新體制運動」，而獲軍方支持。1940 年 10 月，包含無產政黨等社會政黨在內的所有政黨都解

散而組織「大政翼贊會」❷。各團體也被「大日本產業報國會」、「大日本婦人會」、「大日本青少年團」等所統合，被納入大政翼贊會的管制之下。於是以軍部為中心的獨裁法西斯政治體制確立，致議會完全喪失其功能。

1941 年 6 月，日、荷會談決裂。7 月，日軍進駐荷屬中南半島南部。於是計畫作為最後手段的近衛文麿、羅斯福會談中止，美國對日本的經濟封鎖更為加強。英、美對中國的軍事援助則更為活絡。

由於美國態度強硬，同年 9 月 6 日日本召開御前會議，決定《帝國國策遂行要綱》，決定至 10 月上旬日本若仍無法達到向美國所要求的目的，即對英、美、荷宣戰。相對的，中、美、英、荷四國則為防日本的進出，聯合組成 ABCD 包圍線，10 月在馬尼拉召開軍事會談。日本軍方為突破此一包圍線，同月 16 日解散第三次近衛內閣，由該內閣鷹派的東條英機組閣。東條內閣成立後，一面積極備戰，一面佯派栗栖大使前往華盛頓，協助駐美特命全權大使野村吉三郎繼續談判，以鬆懈美國的防備。12 月 1 日，復開御前會議，決定開戰，並以 8 日為攻擊之時，以偷襲方式攻擊珍珠港。於是太平洋戰爭爆發，日本帝國主義的滅亡即種因於此。

二、國民生活

太平洋戰爭爆發後，日本乘英、美不備，以破竹之勢向南進攻，海軍在 1942 年（昭和十七年）5 月時，已先後入侵馬來半島、荷屬東印度諸島、菲律賓諸島、新幾內亞東北部。然同年 6 月在中途島海戰大敗以後，美軍開始反攻，使日軍節節敗退。1944 年 7 月，東條英機下臺，由陸軍大將小磯國昭組閣。此時，美軍以塞班島

❷其組織以總理大臣（首相）為總裁，在各道府縣設支部，後來由各知事（縣長）擔任支部長。其末端組織則為同年設於各町村的「鄰組」、「町內會」、「部落會」等。

為基地，開始轟炸日本本土。翌年 1 月，美軍登陸呂宋島；2 月，登陸硫黃島；3 月，沖繩成為戰場。4 月，雖由海軍大將鈴木貫太郎組閣，但已難於繼續作戰。

從中日戰爭末期開始，對國民生活的負擔便日益加重，太平洋戰爭爆發後則變得更暗淡無光且日甚一日。對國民生活的最大壓力與威脅就是被徵召入伍。從九一八事變開始，至太平洋戰爭結束，被陸海軍徵召或比照徵召方式動員者超過一千萬人，其中陣亡者陸軍約一百四十四萬，海軍約四十二萬，陸海軍以外的官民死於戰火（含戰災與沖繩島民）者約六十六萬，殘廢者陸軍約八萬九千，海軍約八萬。1943 年 10 月，公布全面取消文、法、商科系學生緩召的條例，因此有許多在學學生被徵召加入陸海軍，有不少加入特攻隊，在空中與海洋裏犧牲了他們絢爛的前途與寶貴生命。

根據《國家總動員法》而來的〈國民徵用令〉，也使許多國民受到徵集，其被指定為軍需工廠，及根據〈工場事業管理令〉需從事生產

圖 50：無言的凱旋　1943 年 5 月 29 日，日本在阿留申群島之一的阿圖島 (Attu Island) 的二千五百名守備部隊全部陣亡，這是日本發動太平洋戰爭以來首次嚐到「玉碎」（全軍覆沒）的滋味。6 月 6 日，北海道札幌的市民迎接所謂的「遺骨」。同日，剛好舉行前聯合艦隊總司令山本五十六元帥的國葬典禮。如此日本國民方才深深地體會到戰局的嚴重性，他們的內心因而開始發生動搖。

圖51：電車步道變菜園　隨著戰局的惡化，糧食也日益不足，大都市的缺糧情形嚴重，而配給品也愈益惡化。由於欠缺肥料，所以即使想要增加單位面積的產量，也完全不可能。只能設法擴大栽種的面積，其辦法之一就是家庭菜園化運動；其二即為利用公用的空地。結果，都市中心的植樹地帶與步道也就變成南瓜園與甘藷園了。

軍用物資的工廠員工，就以現有從業人員身分在原廠繼續為軍部工作，這種人員約有數百萬人；此外，被動員到工廠的中小學生約有三百萬，「女子勤勞挺身隊」約五十萬，上述這些人員都是被強制徵調的。此外，在國際法上的俘虜，以及中、韓兩國的許多人士都被奴役。

　　戰爭期間國民生活的另一個重擔就是糧食問題。日本人的主食——稻米的生產，1934年為七千萬石以上，太平洋戰爭爆發前的1940年約六千九百萬石。之後逐年遞減，至戰敗的1945年則僅有五千八百萬石而已。就進口米而言，1941年最多，以後年復一年的減少，至1944年以後則完全沒有進口。從殖民地轉運者以1938年為最多，以後劇減。國內產米量減少的原因在於農村勞力被軍隊徵召，或被動員到軍需工廠，以及肥料與農藥的欠缺等。至於進口量的減少，則肇因於當地的減產與欠缺運輸的船隻。

　　1939年11月，政府強制收購稻米，次月發布〈米穀搗精制限令〉，禁止食用白米，翌年4月則從東京開始實施「通帳制」的食米配給制。雖然如此，米糧日益缺乏，國民，尤其是都市的居民，唯有以代用食品勉強度日而已。

此外，醬油、鹽、火柴、木炭、糖等物品，係於 1940 年決定採用票券配給制，酒則從 1941 年 6 月開始實施配給制，而主食以外的各種物資也逐漸缺乏。在此情形之下，牛、豬、雞以及一般魚類也大為不足，至 1945 年下半時，連食鹽也僅能獲得日常所需的半數而已。

當戰爭吃緊時，都市居民為防空襲而被強迫疏散，學童也疏散到郊區或鄉間。大人則被動員為警防團（防護團），或被迫參加防空演習，所以對國民生活的壓迫日益加重。此外，從 1944 年秋季開始，空襲與艦砲射擊日益激烈，在驚恐中生活的都市居民，除須應付政府的各種差派外，還得找尋食物，生活已陷於痛苦的深淵。在農、漁村方面，由於他們是最大的兵力供給地，因此死傷也最多，所以因戰爭所造成的悲劇遍及全國各地。

國民所受的痛苦並不止於此，還有對言論、結社的極端鎮壓，如：《治安維持法》、《治安警察法》、《出版法》等，使人民不敢對時局發抒自己的觀感，因為人民的言論、出版、集會、結社等自由已被這些法令完全封殺了。

第二節　戰後各種改革與新憲法

一、聯合國的管理與政治民主化

當戰況極端惡化之際，蘇俄於 1945 年 4 月通告不再延長〈日蘇互不侵犯條約〉。前此 1943 年 11 月，蔣介石、羅斯福、邱吉爾在埃及首府開羅會談，決定包含對日和約在內的〈開羅宣言〉。1945 年 2 月，美、英、蘇三國領袖在克里米亞半島的雅爾達會談，決定蘇俄的參戰。德國投降後的同年 7 月，美、英、蘇三巨頭在德國波茨坦宮會談，發表確定〈開羅宣言〉的對日共同宣言——〈波茨坦宣言〉，號召日本投降。因日軍不聽號召猶作困獸之鬥，美國遂採最後手段，於 8 月 6 日在廣島投下一枚原子彈，傷亡十餘萬人。9 日，復於長崎投擲，傷亡

亦不下數萬。9 日，蘇俄又突然向日本宣戰，開始入侵中國東北。在此情形之下，日本政府已無計可施。當此之時，陸軍內部猶有主張焦土戰術，欲戰至全民皆亡者，但此一論調為眾所抑制而由昭和天皇決定投降。10 日，政府委託瑞士、瑞典兩國向盟軍轉達欲降之意。15 日，頒發〈接受波茨坦宣言之詔〉。9 月 2 日，在駛入東京灣的美艦密蘇里號上舉行投降簽字儀式。於是自九一八事變以來長達十五年的侵略戰爭終於劃下休止符。

1945 年 12 月，美、英、蘇三國在莫斯科舉行會議，決定管理日本的基本方式。據此一決定，中、美、英、蘇等十一國代表在華盛頓設遠東委員會，作為對日本佔領、管理的最高決策機構。

以美國將領麥克阿瑟 (D. MacArthur) 為聯合國最高司令官的盟軍佔領日本後，設聯合國最高司令官總司令部 (GHQ) 於東京，並以遠東委員會為諮詢機構。同時，又設由中、美、英、蘇四國代表組成的「對日理事會」，在總司令部的指導監督下，透過日本政府實施間接統治的佔領政策。

戰後日本主權所及的範圍限於本州、北海道、九州、四國和聯合國所定的各小島。放棄臺灣主權，韓國得以脫離日本的殖民統治，南洋諸島則移至美國的信託統治，奄美諸島、沖繩諸島、小笠原諸島的日本行政權均被停止，而置於美國的直接軍政下。至於千島列島與庫頁島，則歸蘇聯統治。

聯合國的佔領政策，實質上是近於美國單獨佔領的形式開展，其基本方針是袪除日本的軍國主義，促進民主化。1945 年 10 月，幣原喜重郎內閣取代戰敗後成立的東久邇宮稔彥內閣。聯軍總部要求幣原首相從事：1.解放婦女。2.培養工會。3.教育的民主化。4.廢除壓制的各種制度。5.經濟的民主化等五大改革。另一方面，為禁止對佔領軍的批判，故報紙須受檢閱。

盟軍佔領日本後，首先解除日軍武裝，廢除陸海軍軍部與《兵役法》。其次處置戰犯。戰犯分甲、乙、丙三級，甲級戰犯為策劃戰爭者，

圖 52：麥克阿瑟將軍初抵日本 1945 年 8 月 30 日下午 2 時 5 分，美國的 C54「巴丹號」飛機抵日本厚木軍用機場。麥克阿瑟嘴裡叼著煙斗，踏上日本國土的第一步。他與迎接的愛凱巴卡中將握手，發表簡單聲明後，立刻驅車前往橫濱。

乙、丙兩級為違反戰爭法規或習慣，肆意殺害或奴役等非人道行為，或加以政治、宗教、人種等迫害者。由美國第八軍判處有罪者逾千名，其中受絞刑者一百二十四人；被起訴日本戰犯共四千二百人，被判決死刑者九百八十四人，實際被處死者九百二十人。

1946 年 1 月 4 日，盟軍總部頒布《公職人員整肅令》，列名整肅所有政治、經濟、勞工、言論、教育各界的軍國主義領導者，並解散所有的右翼團體與組織。翌年 8 月，片山哲內閣在麥克阿瑟指導下頒布《新警察法》，改革警察制度。此一改革的重點是限定警察職務的範圍，地方得設自治警察，其職權與國家警察相同。警察管理採合議制，由各單位設公安管理委員會管理，俾使警察管理民主化。10 月，制訂《國家公務員法》，以打破在公家機構服務者的封建官僚性格，遵循憲法精神，樹立民主的官吏制度。

二、政治的民主化與新憲法的成立

1946 年 1 月 1 日，昭和天皇頒布元旦〈詔書〉，否定天皇的神格化觀念，宣告天皇與國民利害與共，休戚相關；君民之間，始終相互信賴、敬愛為結合樞紐，而非依據神話與傳說來結合，此成為修憲的先聲。

前此幣原喜重郎組織戰後第一次內閣時，麥克阿瑟即督促幣原修

改自 1890 年 (明治二十三年) 11 月 29 日起實施的《大日本帝國憲法》，以符日本民主化的指令。初時，政府只修改帝國憲法的部分條文，但不為盟軍總部所接受，政府只好根據盟軍總部的原案，重新草擬憲法草案。此草案經帝國議會的審議，於 1946 年 11 月 3 日作為《日本國憲法》而予以公布，翌年 5 月 3 日起實施。

　　新憲法規定三權分立，實施普選制度，凡年滿二十歲以上的國民皆有選舉權，二十五歲者可為國會議員的候選人。眾議院議員任期四年，參議院議員任期六年，每三年改選半數。內閣對議會負責，實施議會內閣制。眾議院對內閣不信任的決議案成立，或信任案不成立，內閣應於十日之內解散議會或提出總辭。於是國家統治權自天皇轉入國民，步上民主主義的坦途。

　　自從盟軍總部於 1945 年 10 月 4 日頒布〈保障日本國民基本人權與政治自由〉指令後，昔日政黨因有活動的機會，乃紛紛展開重建運動。至同年末，相繼組成日本社會黨、日本自由黨、日本進步黨、日本協同黨等，日本共產黨也成為合法政黨而展開活動。同年 12 月，修改《眾議員選舉法》，凡年滿二十歲的男女均有選舉權，實現了婦女參政權。翌年 4 月，舉行戰後的首次總選舉，日本自由黨成為第一大黨而成立吉田茂內閣，恢復了政黨內閣。

圖 53：日本國憲法　1946 年 11 月 3 日公布《日本國憲法》的詔書。與 1889 年公布的《大日本帝國憲法》所言：「朕以國家之隆昌與臣民之慶福為中心之欣榮，依朕承自祖宗之大權，對現在及將來之臣民，宣布此不可磨滅之大典。」相對的，不僅以平假名來書寫，而且說：「基於日本國民之總意」，所以給人一種新鮮感。(東京都國立公文書館典藏)

　新憲法制訂後，各種法典與制度也都作大幅度的修改。就民法而言，在憲法的男女平等精神下，廢除對妻子權利的限制，同時也廢除戶主制。配偶有繼承權，子女則不分男女老幼均等。在刑法方面則廢除大逆罪、不敬罪與通姦罪。此外也制訂《地方自治法》，都、道、府、縣、町、村的地方首長都由居民直接選舉產生。

　日本帝國主義之所以能夠不斷向外侵略，在於財閥對外成為軍國主義的潛力，對內成為官僚主義的靈魂。由於財閥與軍部狼狽為奸，不僅使亞洲各國民眾罹其災殃，也陷日本國民於萬劫不復。由於戰前、戰時的日本經濟為少數財閥所操縱，且在對外發動戰爭時參與主謀，藉侵略戰爭對外攫奪利益，對國內牟不法利益，故盟軍總部於 1945 年11 月凍結財閥的資產，下令三井、三菱、安田、住友四大財閥持有的證券，一律委交委員會，四大財閥的職員全部辭職，以袪除財閥的支配產業。1947 年制訂《獨佔禁止法》，並設「公正取引委員會」（公平交易委員會）為實施機構。同年，又制訂《過度經濟力集中排除法》，分割巨大的獨佔企業。

　1945 年 10 月中旬，盟軍總部官員與日本農業經濟學家開始研究日本的土地制度與佃農問題，12 月 5 日將研究結果報告盟軍總部。總部認為日本的地主、佃農制度有礙社會的民主化，乃下令農地改革，從翌年 2 月開始第一次農地改革，然因改革不徹底，故於 1947 年 3 月從事第二次改革，而不承認不親自耕作地主的土地所有權，但地主的保留面積以一町步為限（北海道為四町步。一町步相當於一公畝，即100 平方公尺），包括自耕地在內者以三町步為限。佃租的最高限額水田為百分之二十五，園（即旱田）為百分之五。佃租悉繳現金。全部土地國家收購，限兩年內完成。購價款以農地證券給付。

　盟軍佔領日本後，為推動勞工界的民主主義，戰時的勞工領導人物也被列為整肅對象。1945 年 12 月成立的《勞働組合法》，使包含公務員在內的勞動者享有團結權、團體交涉權及爭議權。1947 年 4 月則制訂《勞動基準法》，採八時制，男女同工同酬制，同時也規定最低的

就業年齡，與少年、婦女的工時。

　　1946 年，接受盟軍總部的建議，改造日本的教育，制訂小學六年、中學三年、高校三年、大學四年的六、三、三、四制，自 1947 年 4 月 1 日起實施。全國都、道、府、縣皆有教育委員會，每一組織各有委員七人，市、町、村各置委員五人，其中一人由地方議會選出，其餘由該地方的居民選舉。任期四年，每兩年改選半數。委員會的主要任務是學校的設置與管理，校長、教師的任免，決定教學內容與教科書，管理社會教育，編制教育預算等。

　　宗教方面，盟軍總部下令將神道與國家分開，神社離開國家之保護，使它居於與其他宗教同等的地位。

第三節　世界動向與日本

一、韓戰對日本的影響

　　1945 年 4 月，聯合國五十個國家的代表在美國舊金山集會，審查通過《聯合國憲章》。10 月，成立聯合國組織，由中、美、英、法、俄五大國為常任理事國，在五大國協調下，採取維護國際和平與安全的體制。但戰後卻形成以美國為中心的資本主義，及以蘇俄為中心的社會主義兩大陣營，彼此對立而陷於冷戰。1948 年 8 月，以北緯三十八度為界，美國支持大韓民國（南韓）成立；次月，朝鮮民主主義人民共和國（北韓）成立。中國大陸方面則在戰後，國共的對立激烈，發生內戰，國民政府於 1949 年撤退到臺灣。

　　日本向盟軍無條件投降以後，雖已無生命威脅，但經濟界的不景氣與生活物資的極端缺乏，以及通貨膨脹所造成的痛苦卻無處申訴。

　　1950 年 6 月，北韓的部隊越過三十八度線南進，韓戰爆發。以美軍為主的聯合國部隊為支援南韓而開赴朝鮮半島，中共則派遣大軍援助北韓。此一戰爭雖打得相當激烈，所幸於翌年 7 月舉行了停戰會談，

於 1953 年 7 月，在板門店簽署了停戰協定。

　　韓戰期間，日本不僅成為聯軍的基地，同時為籌措以及運輸大量的軍用物資，動員許多工廠與運輸機構，使日本的經濟因此特殊需要而景氣忽然好轉，尤其鋼鐵業的生產在 1951 年時已超越了戰前的產量。更由於此一戰爭，使日、美兩國之間的關係更為密切，這對日後日本的發展有莫大的影響。

二、冷戰下的媾和

　　當韓戰逐步影響日本之際，正在進行的就是和談問題，而此一問題的進展，與朝鮮半島的情勢並非無關。原來盟軍的佔領日本並無一定的期限，佔領軍要從日本撤退，是要在「日本國民表明自由之意，具有和平的傾向，且樹立能負責任的政府之時」。雖然如此，對日本的和談問題並非完全被放置一旁。1947 年 3 月，麥克阿瑟在記者會上曾說，應儘快與日本談和以結束佔領。美國也曾向遠東委員會提議對日和約以多數決來決定的問題。後來和議問題雖有一段時間停頓下來，但在 1950 年以後，因韓戰的爆發，聯合國方面已知無法提出各國一致的和議條件。同年 9 月，美國杜魯門總統任命國務院顧問杜勒斯為負責對日議和問題的代表，使他與相關國家交涉，杜勒斯交涉的基礎是：1.日本為談和當事國。2.日本加入聯合國。3.處理領土問題。4.議和後的安全保障。5.通商條約。6.放棄對日求償。7.由法院處理請求權糾紛等〈對日談和七原則〉。吉田茂首相與經濟界都贊成杜勒斯的構想。

　　當時，日本國內對議和的意見不一，領導輿論的知識分子與科學家們組織「平和問題懇談會」等，發表有關和談問題，向世人訴求締結全面性的和平，反對設置軍事基地，保持中立，及加入聯合國。1949年赴美的東京大學校長南原繁在各地倡言全面和平論，但吉田首相卻批評南原為「曲學阿世之徒」而引起非議。

　　在和談問題上，左派的社會黨於 1950 年初提出：1.全面議和。2.堅持中立。3.反對設軍事基地的〈平和三原則〉；次年 1 月，又加上 4.

反對重整軍備的原則。

　　知識分子與左派之所以作如此強烈主張，在於戰後的日本人不願再與任何國家發生戰爭，以及在現實上對韓戰感到不安。

　　韓戰因中共介入而戰況一進一退，1951年（昭和二十六年）1月，共軍突破三十八度線攻陷漢城，聯軍反攻而於3月予以奪回。麥克阿瑟雖主張積極的軍事行動，建議轟炸鴨綠江沿岸，但不為希望作政治停戰的美國政府所接受。美國政府認為如能維持戰前的狀態，將呼籲共黨方面停戰，就在此時，麥克阿瑟突然向共黨發出威嚇的聲明，使美國政府失去交涉停戰的線索。同年4月11日深夜，美國總統發布解除麥克阿瑟職務的命令，因此，君臨日本長達四年八個月的麥克阿瑟於4月16日離職。

　　當麥克阿瑟離日時，杜勒斯第三次抵日，與日本交涉和約問題。從9月4日開始，在美國舊金山舉行和會。日本以吉田茂首相為首席代表，團員有自由黨、民主黨及參議院綠風會等全權代表團參加。開

圖54：杜勒斯與麥克阿瑟　杜勒斯為和約問題，曾分別於1950年6月、1951年1月及4月至日本，從事和約條文的協調工作。第三次到日本時，係麥克阿瑟被解除職務離開日本之時。杜勒斯在愛森豪總統時擔任國務卿，領導美國的冷戰外交。

會時雖有五十二個國家參加，但中國代表未獲邀請與會，緬甸與印度
則拒絕參加。9 月 4 日，舉行簽署和約儀式，蘇俄、捷克、波蘭三國
拒簽，所以實際簽字的只有四十九個國家。此一和約於 1952 年 4 月生
效，佔領政治遂告結束。

三、重返國際舞臺

和約簽字後所面臨的就是重整軍備問題。1952 年 8 月，將警察預
備隊改稱保安隊，與新設的海上警備隊同為保安廳所管轄。預備隊的
任務是：維護日本的和平與秩序，在保障公共福祉所必要的範圍內，
補充國家警察與自治體警察的警力。保安隊的任務則為：維護日本的
和平與秩序，遇有特別需要，則為保護人命、財產而採取行動。當時
的政府無意重整軍備，社會黨的左右兩派也反對建軍，在此情形下，
吉田首相為封鎖以重光葵、鳩山一郎等反對派的活動，於同年 8 月解
散了眾議院。

在此一時期引人注意的，除重整軍備問題外，尚有根據政治協調
所提供的美軍基地。1945 年當時，美軍在日本的空軍基地有四十四個，
港灣設施三十個，美國駐軍所佔土地為日本全國面積的百分之〇‧三
八八，共十四萬公頃。

簽署和約後，吉田內閣為確保日本的獨立與安全，與美國締結〈安
全保障條約〉及〈MSA 協定〉。所謂 MSA，就是根據美國《互相保障
安全法》(*Mutual Security Act*) 的對外援助，使接受此一計畫的國家擔
負加強防衛力量的義務。也就是說，日本除接受防衛援助外，須負加
強防衛力量的義務。因此，於同年改組保安隊、海上警備隊為陸、海、
空自衛隊。之後，在美國的援助和指導下，一步一步地加強防衛力量，
使自衛隊在實質上與正式軍隊無分軒輊。

1954 年 12 月，吉田內閣受在野黨的杯葛總辭，由日本民主黨的
鳩山一郎組閣。鳩山在戰後曾被盟軍總部判處離開公職，但經特赦於
1952 年秋重返政界後，即主張與蘇俄復交、重整軍備及修憲。有關日

本與蘇俄復交的問題，1956 年 1 月，在倫敦談判，但因領土問題觸礁。當時蘇俄政府發表將限制北洋海域的日本漁業，因此農業水產省大臣河野一郎為交涉暫時性的漁業協定而訪俄，以在 7 月底以前重開外交關係為條件，簽訂〈日俄漁業條約〉。

10 月 19 日，鳩山一郎與俄國布加寧在莫斯科發表〈日俄聯合公報〉，並簽訂〈漁業協定〉，結束日、俄兩國間的戰爭狀態。12 月 12 日交換批准書。〈聯合公報〉中有「支持日本申請加入聯合國」的文字。交換批准書當天，聯合國安全理事會通過日本加入聯合國。18 日，以五十一國的共同提案而獲通過，正式成為聯合國第八十個會員國。加入聯合國即表示日本成為國際社會之一員的地位已獲承認，擺脫長年以來處於國際社會孤兒的窘境。

第四節 現代日本的課題

一、經濟的高度成長

1954 年，以北緯十七度為界線的〈中南半島軍事協定〉簽訂後，越南便分為南越與北越。1965 年發生越戰。1975 年，北越與支援北越的南越解放民族戰線軍攻陷西貢（胡志明市），翌年統一了南北越。日本在越戰期間也扮演美軍基地的角色，並運輸美軍所需的軍用物資，而促進國內各種產業的發達。

日本的外交採配合美國的亞洲政策以維持兩國關係的發展，1959年，岸信介內閣與南越簽訂〈賠償、借款協定〉，十年後，佐藤榮作內閣與南韓簽署〈日韓基本條約〉。1971 年則與美國簽署〈歸還沖繩協定〉，於次年 5 月生效。1971 年 11 月，眾議院通過〈歸還沖繩協定〉時，又決議「不製核、不持核、不准將核帶入」的非核三原則。1970 年6 月，佐藤內閣又自動延長〈日美安保條約〉的期限。1972 年 9 月，田中角榮內閣承認中共政權，與臺灣的國民政府斷絕邦交。

　　以韓戰為契機，日本的經濟在 1955 年已恢復至戰前的水準。池田勇人內閣採經濟高度成長政策，使資本與貿易自由化，並推動開放經濟體制。產業界因而以廉價從海外進口原料以降低成本，擴大輸出，國際收支便一直呈現順差。同時，又從國外引進新技術，使生產自動化，提高競爭力與產業的合理化。政府也為促進產業的發達而積極建設鐵路、港灣、用水、交通、通信等相關設施，並給予行政上、稅務上的種種優惠。在此情形下，至 1968 年（昭和四十三年）時，國民的總生產額（GNP）已居於資本主義社會的第二位。

　　然由重化學工業所帶來的經濟高度成長，卻也給全國各地帶來公害問題。由產業廢棄物所造成的環境污染，及九州、新潟的水俁病，足尾銅礦的痛痛病，四日市的氣喘病等，這些公害病都曾引起訴訟問題，且都經過漫長歲月，被害者方才獲得賠償。與之同時，又因經濟的急速成長，人口過度集中於都市，造成空氣污染、水質污濁、噪音、垃圾處理等都市公害問題。為解決這些問題，於 1967 年制訂《公害對策基本法》（1993 年廢除，改為《環境基本法》），1971 年設環境廳，負責環保工作。

　　當經濟正在繼續成長之際，中東生產石油各國大幅提高原油價格，使世界陷於石油危機。由於日本的原油大都來自中東，故所受衝擊頗大，致物價大幅上揚，通貨膨漲，經濟成長率大幅萎縮。

二、社會的變貌

　　日本經濟的高度成長，使日本社會大為改變，因為經濟主義、能力主義滲透於社會的每一角落，而個人的價值亦以其能力作為衡量標準。結果，遂產生「猛烈社員」、「經濟動物」等辭語。

　　經濟大幅成長的結果，電視、洗衣機、電冰箱等電器製品改變了人們的日常生活習慣，後來則吸塵器、電鍋、冷氣機等深入每一家庭；再則機車與汽車改變了人們行的方式。電器製品普及後，使家庭主婦的工作量大幅度的減少，從而有較多時間參與社會活動，而婦女的就

業人口也相對增加。1955 年的婦女就業人口為四百九十二萬人，1973
年為一千一百七十九萬人而大幅度增口，其中的百分之六十為已婚，
此與戰前之大都屬未婚者較之，實有極大的變化。之後，婦女受雇於
各公司機構者仍不斷增加，至九〇年代已超過二千萬人。由於夫婦都
出外工作，故其年幼子女乏人照顧而將他們留在家中，遂產生「鑰匙
兒童」一詞。其間，學生的升學率也急速提高，大學生的數目也急速
增加，但在 1968 年前後卻發生激烈的校園紛爭(大學紛爭、學園紛爭)，
使學校的教學幾乎陷於停頓。

　　為因應經濟的高度成長，交通體系也產生劇變。自東海道新幹線
於 1964 年（昭和三十九年）開通後，國有鐵路主要幹線的新幹線化快
速進行。然較此更為顯著的是由 1965 年通車之名神高速公路與 1969
年通車之東名高速公路所代表的自家汽車之普及 (motorization)。日本
小轎車的生產在 1960 年為十六萬輛，1973 年為四百四十七萬輛，至
1989 年（平成元年）則多達九百零五萬輛。

　　由於企業之集中都市，人口便聚集於首都一帶、東海、近畿、瀨
戶內海沿岸而其他地區的人口便相對減少。人口過度密集的地方因土
地、住宅、交通等而發生嚴重的社會問題。人口過疏的地區則因年輕
人減少而造成地方社會之高齡化與瓦解。

　　田中角榮於 1972 年 7 月組閣後，曾發表〈日本列島改造論〉，聲
明欲建設許多人口約二十五萬的開發據點都市，以消除都市人口過密
與鄉間人口過疏的情形。結果，不僅地價不斷上漲，一般物價的漲速
亦驚人，此乃田中的開發政策思慮欠周所致。物價騰貴的情形，強烈
反映在日用品，尤其顯示於食品、服飾方面，引起國民的強烈不滿。
由於全國各大都市物價大幅上漲與供應不足，大企業乃囤積居奇，遂
於 1973 年（昭和四十八年）3 月發生有十五萬人參加的反對物價上漲
示威遊行。由此可知，「瘋狂物價」對庶民生活打擊之大。

　　1974 年夏秋之際，先後發生美國總統尼克森因水門事件而辭職、
南韓總統朴正熙被暗殺、三菱重工業與三井物產的總公司被炸等重大

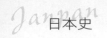

事件。10 月上旬，雜誌《文藝春秋》11 月號揭露田中角榮與美國飛機製造商洛克希德之間的金錢往來與受賄情形。田中因受輿論的撻伐而下野。田中下野後，由三木武夫繼任總理，福田赳夫為副總理，標榜清潔內閣而修改《選舉法》與《政治資金規正法》，以端正選舉風氣。並且為抑制田中內閣以來的物價狂飆，乃承襲前一內閣末期所採取抑制國內總需求量的方針，與福田副總理的緊縮金融、抑制工資上漲政策，物價方才復歸平靜。

在學術研究方面，於 1949 年召開第一屆「日本學術會議」總會，之後時常舉行。為探究南極的奧秘，在 1957 年組織「南極觀測隊」，並於南極建設「昭和基地」從事觀測。同年，東海村的原子爐啟動，五年後，國產第一座原子爐開始運轉，使原子科學研究向前邁出一大步。在太空科學方面則於 1970 年發射第一枚國產人造衛星。

就學術研究的成果言之，湯川秀樹（物理學，1949）、朝永振一郎（物理學，1965）、江崎玲於奈（物理學，1973）、福井謙一（化學，1981）、利根川進（醫學、生理學，1987）等人先後獲得諾貝爾獎。在文學方面有川端康成 (1968)、大江健三郎 (1994) 獲諾貝爾獎。吉川英治、大佛次郎等則以大眾小說家著稱。

考古學則從 1954 年開始挖掘平城京（奈良）遺址，1972 年發現高松塚古墳壁畫而轟動一時。十年後，從山田寺遺址挖出世界最古老的木造建築遺物。1989 年在吉野里發現大環濠聚落遺址，1995 年開始挖掘三內丸山遺址。這些挖掘活動對於瞭解上古日本人的日學生活情形均有莫大裨益。

在演藝方面，美空雲雀、石原裕次郎等風靡於歌唱界而歷久未衰。而黑澤明執導，三船敏郎主演的電影轟動全球。他們的主要影片有羅生門（獲威尼斯國際影展金獅獎、美國奧斯卡最佳外國影片獎）、七武士（威尼斯國際影展金獅獎）、紅鬍子（威尼斯市獎、國際天主教電影事務局獎、威尼斯國際影展最佳男主角獎）等，均名噪一時。

美術方面，於戰後組織日本美術會，受到國外國畫家作畫活動的

刺激而從事多彩多姿的活動，出現岡本太郎等富於朝氣的畫作。

三、今後的課題

由於經濟的大幅成長，及外匯存底的急遽增加，從二十世紀七〇年代末期開始，日本與美國、歐洲之間的經濟摩擦日益激烈。但為解決石油危機所造成的不景氣而從事大型的公共投資，使得財政支出大幅增加，導致 1975 年以後，一直發行鉅額的赤字國債。因此，政府乃從事行政改革，採取緊縮預算，抑制社會保險費、教育費、公共事業費等，同時也將國有鐵路、電信電話、專賣公社開放民營，減輕政府的負擔，唯有國防經費在美國要求下未予減少。

1991 年蘇維埃聯邦共和國瓦解，美、蘇冷戰結束，在此前後，許多東歐國家都拋棄社會主義，改走資本主義路線，東、西德也終於統一。在亞洲方面，南、北韓於 1991 年同時加入聯合國，緩和了東北亞的緊張局勢。至於南韓總統金大中與北韓主席金正日的會晤，則顯露出南、北兩韓和解的徵兆。

前此 1987 年 11 月，竹下登組閣後，於第二年 12 月通過《消費稅法案》，從 1989 年 4 月開始，所有的物品及服務業都要課徵百分之三的消費稅。1988 年，利克路德公司將尚未上市的鉅額股票廉價售與許多政治家、官員之事被發覺，引起社會很大的震撼（利克路德事件），竹下內閣為此於 1989 年 6 月總辭，成立宇野宗佑內閣。次月舉行參議院議員選舉時，執政黨因受消費稅問題與利克路德事件的影響，致席次未過半，結果，宇野內閣於 8 月總辭，改由海部俊樹組閣。1991 年（平成三年）11 月，宮澤喜一郎內閣成立，卻因發生自民黨副總裁等人接受「佐川宅急便」不當政治捐款的事件爆發而下臺，致政治改革成為重要課題，並且在野黨所提不信任案通過而解散眾議院。改選結果，執政黨的自民黨席次未過半而導致內部分裂，由系出自民黨的日本新黨細川護熙組織非自民聯立政權，使執政長達三十八年之久的自民黨政權下臺。之後，組閣者有新生黨的羽田孜和社會黨的村山富市。

村山之後尚有數位自民黨籍如森喜朗等人擔任首相。在受泡沫經濟的衝擊下極需設法使經濟復甦的 2001 年秋季，改由自民黨的小泉純一郎組閣，首次起用女性田中真紀子為外務大臣。

2001 年 9 月 11 日，中東的恐怖組織成員挾持美國航空的兩架客機，攻擊紐約世貿中心的兩棟大樓，造成數千人的傷亡。美國總統布希為消滅恐怖組織，乃下令轟炸包庇恐怖組織首腦賓拉登的阿富汗神學士政權之各據點，而獲歐盟各國的支持。神學士政權被消滅後，暫時由阿富汗的各派系共組聯合政府。各國對於阿富汗的重建問題也都伸出援手。2002 年 1 月 21 日，在東京舉行支援阿富汗重建會議，但日本的 NGO 組織（非政府組織）被排除在外，日本 NGO 組織代表隨後在記者會上公開批判。田中外長表示：日本的 NGO 之所以被排除，是因在外務省有強大影響力的眾議院運營委員長鈴木宗男施壓所致。外務省事務次官（常務次長）野上義二則為鈴木護航，遂導致田中與野上反目，結果，田中遭撤換，由環境廳長官川口順子接任；野上被撤職，鈴木則引咎辭職。

圖 55：田中真紀子與野上義二
日本首相小泉純一郎於 2002 年 1 月 29 日深夜召見外務大臣田中真紀子（右），傳達為讓國會審議恢復正常，並使外務省能夠專心致力於外交，決定更換外長田中真紀子與外務次官野上義二（左）。圖為田中與野上在同月 28 日出席眾議院預算委員會議的情形。

Japan

附　錄

大事年表

前此有無粗陶器時代。

從西元前數千年開始有新石器文化，製作繩紋式粗陶器。

開始耕作水田，使用青銅器、鐵器（前 100 頃）。

前 221			[秦統一中國]
前 206			[前漢成立]
前 108	元封	3	平朝鮮，置為四郡。
57	中元	2	倭之奴國遣使後漢，光武帝賜予金印紫綬。此一時期大和朝廷統一全國。
107	延平	2	倭國王遣使後漢。
220	黃初	1	[曹丕稱帝]
221	黃初	2	[劉備即帝位]
229	太和	3	[孫權稱帝]
238	景初	2	邪馬臺國女王卑彌呼，遣使赴魏，卑彌呼被封為親魏倭王。
245	正始	6	魏齊王以黃幢授予倭使者難升米。
265	泰始	1	[司馬炎稱帝，西晉成立]
285	太康	6	王仁攜論十卷赴日，儒家經典由官方傳至扶桑之始。
306	光熙	1	阿知使主奉派至吳求女工、漢織、吳織等技

工赴日傳授紡織技術。

313	建興 1		高句麗滅樂浪郡。百濟、新羅統一馬韓、辰韓之地。
369	太和 4		倭王獲百濟王賜七支刀。
391	太元 16		倭軍渡海破百濟、新羅之部隊。
404	元興 3		倭軍入侵帶方郡,與高句麗作戰見敗。
420	永初 1		[劉裕稱帝,是為南朝宋武帝]
421	永初 2		倭王讚朝貢於南朝宋,受封為「安東將軍倭國王」。
443	元嘉 20		倭王濟朝貢於劉宋。
478	昇明 2		倭王武朝貢於劉宋。
512	天監 12		大伴金村割任那之四縣予百濟。
513	13		百濟獻五經博士。
538	大同 4		佛教正式東傳日本(一說為 552 年東傳)。
562	天嘉 3		新羅滅任那。
589	開皇 9		[南朝陳亡,隋統一中國]
592	12	崇竣 5	蘇我馬子弒崇竣天皇。推古女皇即位於豐浦宮。
593	13	推古 1	聖德太子攝政。
600	20	8	倭使至隋。
602	仁壽 2	10	百濟僧觀勒攜曆法、天文、地理書赴日。
603	3	11	定官位十二階。
604	4	12	頒布《憲法十七條》。
607	大業 3	15	遣小野妹子朝貢於隋。
608	4	16	小野妹子再度使隋,留學生、留學僧等八人隨行。
618	武德 1	26	[隋亡,唐興]

622	5			30	聖德太子歿。
626	9			34	蘇我馬子歿，子蝦夷繼其職位。
630	貞觀 4	舒明	2		遣唐使犬上御田鍬前往中國。
640	14			12	留學生南淵漢人請安、高向漢人玄理歸自唐。
645	19	大化	1		中大兄皇子、中臣鎌足暗殺蘇我入鹿，蝦夷 自殺，輕皇子即皇位，中大兄皇子為太子， 樹立革新政府。
662	龍朔 2	天智	1		阿曇比邏夫率領大軍前往百濟。
663	3		2		上毛野稚率兵二萬七千前往新羅，為唐、新 羅之聯軍所敗，百濟滅亡。
668	總章 1		7		皇太子中大兄皇子即位，是為天智天皇。制 定《近江令》。高句麗亡。
670	咸亨 1			9	造戶籍（庚午年籍）。
671	2			10	實施《近江令》。
672	3	天武	1		王申之亂。
685	嗣聖 2	天武	14		令諸國之每一家庭禮拜佛像。
691	8	持統	5		制定奴婢法。
693	10		7		實施《飛鳥淨御原令》。
701	18	大寶	1		制定《大寶律令》。
708	景龍 2	和銅	1		鑄造貨幣（和銅開珎）。
710	景雲 1			3	遷都平城京。
712	太極 1			5	《古事記》成書。
717	6	養老	1		阿倍仲麻呂（朝衡）、吉備真備、釋玄昉等隨 遣唐使赴華。
718	7		2		完成《養老律令》。
720	8		4		《日本書紀》成書。
723	11		7		頒布《三世一身法》。

728		16	神龜	5	渤海國使節首度赴日。
740		28	天平	12	藤原廣嗣之亂。
743	天寶 2		天平	15	頒布《墾田永世私財法》。
751		10	天平勝寶	3	漢詩集《懷風藻》成書。
752		11		4	東大寺大佛開眼。
754		13		6	唐僧鑒真抵日。
757	至德 2		天平寶宇	1	施行《大寶律令》。
764	廣德 2			8	藤原仲麻呂之亂。
766	大曆 1		天平神護	2	頒布新墾田私有之禁令。以華裔僧侶道鏡為太政禪師。
784	興元 1		延曆	3	開始營造長岡京。
787	貞元 3			6	遷都長岡京。
792		8		11	廢軍團制，採健兒制。
794		10		13	遷都平安京。
804		20		23	釋最澄、空海隨遣唐使赴華學佛。
805	永貞 1			24	釋最澄回國，傳天台宗。
806	元和 1		大同	1	釋空海回國，傳真言宗。
810		5	弘仁	1	設藏人所。藤原藥子之亂。
813		8		4	新羅入寇。
816		11		7	釋空海創建高野山金剛峰寺。
818		13		9	《文華秀麗集》成書。
821	長慶 1			12	藤原冬嗣創辦勸學院。
828	太和 2		天長	5	釋空海創辦綜藝種智院。
830		4		7	新撰「格式」完成。
834		8	承和	1	《令義解》施行。
842	會昌 2			9	承和之變。
853	大中 7		仁壽	3	釋圓珍入唐。

866	咸通	7	貞觀	8	應天門之變。
894	乾寧	1	寬平	6	停派遣唐使。
902	天復	2	延喜	2	首度發布《莊園整理令》。
907	開平	1		7	［唐亡，後梁興］
923	同光	1	延長	1	［後梁亡，後唐興］
927	天成	2	延長	5	《延喜式》完成。
930	長興	1		8	藤原忠平任攝政。
935	清泰	2	承平	5	［後唐亡，後晉興］。爆發平將門之亂。
939	天福	4	天慶	2	平將門自稱「新皇」。藤原純友之亂。
940		5		3	《將門記》成書。
947		12	天曆	1	［後晉亡，後漢興］
950	乾祐	3		4	［後漢亡，後周興］
960	建隆	1	天德	3	［後周亡，北宋興］
969	開寶	2	安和	2	安和之變。
984	雍熙	1	永觀	2	《醫心方》成書。
986		3	寬和	2	釋奝然攜回宋版《大藏經》。
1019	天禧	3	寬仁	3	刀伊入寇。
1028	天聖	6	長元	1	爆發平忠常之亂。
1034	景祐	1		7	釋寂照病歿於宋。
1051	皇祐	3	永祿	6	爆發前九年之役。
1069	熙寧	2	延久	1	設紀錄莊園券契所。
1072	熙寧	5	延久	4	釋成尋赴宋。
1083	元豐	6	永保	3	爆發後三年之役。
1111	政和	1	天永	2	莊園紀錄所開始辦公。
1127	建炎	1	大治	2	［北宋亡，南宋建國］
1129		3		4	鳥羽上皇開始實施院政。使源為義鎮壓興福寺僧侶之暴動。

1146	紹興 16	久安 2	任命平清盛為安藝守。
1156	26	保元 1	保元之亂。
1158	28	3	後白河上皇開始院政。
1159	29	平治 1	平治之亂。
1160	30	永曆 1	源賴朝被流放於伊豆。
1166	乾道 2	仁安 1	平清盛任內大臣。
1167	3	2	二月，平清盛任太政大臣，五月離職。
1180	淳熙 7	治承 4	以仁王舉兵討伐平氏，五月，敗亡。
1184	11	壽永 3	源賴朝設公文所、問注所於鎌倉。
1185	12	文治 1	源、平兩氏戰於壇之浦，平氏滅亡。設地頭、守護之職。獲徵收兵糧米之敕許。
1188	15	4	釋明庵榮西赴宋。
1189	16	5	源賴朝平定奧羽地方。
1192	紹熙 3	建久 3	源賴朝被朝廷任命為征夷大將軍。
1199	慶元 5	正治 1	源賴朝死，子賴家繼將軍職位。
1203	嘉泰 3	建仁 3	比企能員之亂。北條時政任幕府執權。
1211	嘉定 4	建曆 1	《喫茶養生記》成書。
1212	5	2	《方丈記》成書。
1213	6	建保 1	《金槐和歌集》成書。
1219	12	承久 1	源公曉弒其叔源實朝。
1221	14	3	承久之亂起。幕府軍入京。設六波羅探題。
1232	紹定 5	貞永 1	制定《御成敗式目》（《貞永式目》）。
1235	端平 2	嘉禎 1	釋圓爾辨圓赴宋。
1260	景定 1	文應 1	華僧兀庵普寧赴日。
1274	咸淳 10	文永 11	元軍征日（甲戌之役，亦稱文永之役）。
1279	祥興 2	弘安 2	華僧無學祖元赴日。［南宋滅亡］
1281	至元 18	4	元軍再度征日（辛巳之役，亦稱弘安之役）。

1285		22		8	霜月騷動。
1293		30	永仁 1		置鎮西探題。
1297	大德 1			5	發布《德政令》(《永仁德政令》)。
1299		3	正安 1		創設鎮西評定眾、鎮西引付眾。
1324	泰定 1		正中 1		正中之變。
1331	至順 2		元弘 1		元弘之亂,幕府逮捕日野俊基等人。
1333	元統 1			3	鎌倉幕府滅亡。
1336	至元 2		延元 1		足利尊氏為征夷大將軍,開幕府於京都之室
			建武 3		町,分裂為南北兩朝。
1350	至正 10		正平 5		倭寇進犯高麗。
			觀應 1		
1351		11	正平 6		高師直、高師泰被殺。
			觀應 2		
1368	洪武 1		正平 23		[元亡,明興]。足利義滿(源道義)為幕府
			應安 1		第三任將軍。
1383		16	弘和 3		以足利義滿為准三后。
			永德 3		
1391		24	元中 8		明德之亂。
			明德 2		
1392		25	元中 9		南北兩朝統一。[高麗滅亡,李氏朝鮮興起]
			明德 3		
1397		30	應永 4		創建金閣(鹿苑寺)。遣使於明。
1398		31		5	定三管領四職之制。
1399	建文 1			6	應永之亂。
1401		3		8	足利義滿以祖阿、肥富為正、副使朝貢於明。
1408	永樂 6			15	足利義滿猝死。義滿死後對明朝貢貿易中斷。
1412		10		19	南蠻船至若狹。

1416		14		23	上杉禪秀之亂。
1432	宣德 7		永享 4		幕府將軍足利義政恢復對明朝貢貿易。
1438	正統 3			10	永享之亂。
1441		6	嘉吉 1		嘉吉之亂，足利義教被弑。
1460	天順 4		寬正 1		廢除東海道諸關卡。
1467	成化 3		應仁 1		應仁之亂起。
1470		6	文明 2		《善鄰國寶記》成書。
1477		13		9	應仁之亂結束。
1482		18		14	幕府將軍足利義政營建銀閣。
1484		20		16	京都農民暴亂——土一揆。
1485		21		17	山城國發生暴亂——山城國一揆。
1487		23	長享 1		加賀發生宗教暴亂——一向一揆。
1497	弘治 10		明應 6		釋蓮如創建石山本願寺。
1503		16	文龜 3		幕府向朝鮮求取通信符。
1508	正德 3		永正 5		發布《撰錢令》。
1516		11		13	幕府承認大內義興之對明貿易獨佔權。
1522	嘉靖 1		大永 2		大內氏所遣使節宗設謙道，與細川氏所遣使節宋素卿在中國寧波引發寧波事件。
1536		15	天文 5		伊達稙宗制訂法令集〈塵芥集〉。
1543		22		12	葡萄牙船漂流至種子島，鐵砲（火繩槍）東傳日本。
1549		28		18	撒比爾將基督教（天主教）傳至鹿兒島。
1550		29		19	陶晴賢弑大內義隆。
1553		32		22	今川義元制訂法令集《假名目錄》三十三條，追加二十一條。
1557		36	弘治 3		毛利元就平定周防、長門二國。
1559		38	永祿 2		織田信長入京都。

1560	39		3	桶狹間之戰，今川義元敗亡。
1561	40		4	川中島之戰。
1562	41		5	德川家康與織田信長結盟。
1567	隆慶 1		10	制訂法令集《六角氏式目》。
1570	4	天龜 1		織田信長、德川家康入京。
1573	萬曆 1	天正 1		幕府將軍足利義昭被織田信長趕出京都，足利幕府滅亡。
1574	2		2	羽柴（豐臣）秀吉入長濱城。織田信長平定一向一揆。
1581	9		9	織田信長進攻高野山。本能寺之變，織田信長、信忠父子自殺。
1582	10		10	太閤檢地（丈量田畝）開始。
1584	12		12	小牧、長久手之戰。西班牙商船至平戶。
1585	13		13	羽柴（豐臣）秀吉討伐根來、雜賀一之揆、征討四國。秀吉為關白。
1586	14		14	羽柴秀吉發布征討九州動員令。秀吉獲賜姓豐臣，改稱豐臣秀吉。
1587	15		15	九州島津義久降服。發布禁基督教（天主教）令。
1588	16		16	發布〈刀狩令〉（沒收武器）。鑄造天正大、小判（貨幣）。
1589	17		17	發布征討小田原後北條氏之令。
1590	18		18	後北條氏降服。移封德川家康於關東。
1591	19		19	豐臣秀吉移本願寺於京都六條之地。禁止人民之改變職業。發布征討朝鮮令。豐臣秀吉將關白之職位讓與養子秀次。
1592	20	文祿 1		三月，豐臣秀吉前往肥前名護屋（壬辰倭亂，

文祿之役）。小西行長攻陷朝鮮釜山、漢城；
黑田長政攻平壤。秀吉修書促呂宋朝貢日本。
明人沈惟敬與行長約定舉行和議。置長崎奉
行。設朱印船制。鑄造貨幣「文祿通寶」。

1593	21		2	處死基督徒。豐臣秀吉之妾淀君生子秀賴。

1593	21		2	處死基督徒。豐臣秀吉之妾淀君生子秀賴。
1596	24	慶長	1	豐臣秀吉接見明朝使節。研議再入侵朝鮮事宜。
1597	25		2	再度入侵朝鮮（慶長之役）。呂宋國使節赴日。
1598	26		3	豐臣秀吉將其子秀賴託付德川家康等五大老，並使五奉行對秀賴宣誓忠誠。秀吉死亡。
1599	27		4	豐臣秀賴遷至大阪城。石田三成與德川家康失和。
1600	28		5	荷蘭船漂流至日本。英國航海士三浦按針與德川家康會晤。關原之戰，石田三成等因戰敗而被斬於京都之六條河畔。
1601	29		6	德川家康制訂「東海道傳馬制」。
1603	31		8	德川家康被任命為征夷大將軍，開幕府於江戶。豐臣秀賴娶德川家康之孫女千姬為妻。
1604	32		9	制定「系割符法」。在各交通要道設里程碑。
1609	37		14	島津家久遣兵入侵琉球，並俘琉球王而歸。
1613	41		18	支倉常長等遣歐使節啟程。禁止基督教、驅逐傳教士、迫害教徒。
1614	42		19	大阪冬之陣，東西兩軍議和。
1615	43	元和	1	大阪夏之陣，豐臣秀賴戰敗，自殺於大阪城。制定武家諸法、禁中並公家諸法度、諸宗本山本寺諸法度。

1618		46		4	幕府頒布禁教令。
1621	天啟	1		7	禁止武器出口。
1622		2		8	元和大殉教。
1624		4	寬永	1	西班牙使節至薩摩要求通商，為幕府所拒。
1625		5		2	公布農村取締令。
1634	崇禎	7		11	在於長崎築出島，將外國人徙居於此。
1635		8		12	確立交替參勤制。
1637		10		14	島原之亂起。
1638		11		15	設「大老」職位。
1639		12		16	向諸大名下禁教令。禁止葡萄牙船赴日，完成鎖國措施。
1641		14		18	使平戶之荷蘭商館遷至長崎。
1643		16		20	發布禁止賣斷田園令。
1644		17	正保	1	[明亡，清興]
1645	順治	2		2	赤穗藩開始開發鹽田。
1647		4		4	葡萄牙船至長崎要求通商，為幕府所拒。
1649		6	慶安	2	制定農民法規（《慶安御觸書》）。制訂檢地條目。
1651		8		4	慶安事件。
1654		11	承應	3	華僧隱元隆琦赴日。
1657		14	明曆	3	江戶大火災（明曆大火災）。禁止抬高米價。
1658		15	萬治	1	大村純長處死基督徒650人。江戶設消防隊。
1664	康熙	3	寬文	4	訂評定所訴訟規則。
1665		4		5	禁止買賣金銀。
1673		12	延寶	1	英國船利坦號至長崎。限制田園之分割繼承。
1687		26	貞享	4	發布〈憐愛生物令〉。

1688	27	元祿	1	設唐人街於長崎。限制航行日本之清國船為70艘。
1701	40		14	赤穗藩士為主報仇。
1702	41		15	赤穗浪人大石良雄等47人殺死吉良義央,為藩主淺野長矩報仇。
1709	48	寶永	6	登用新井白石(正德之治開始)。
1715	54	正德	5	頒布長崎貿易之正德新令。
1716	55	享保	1	享保改革開始。
1721	60		6	設目安箱(意見箱)於評定所門前。
1722	61		7	令諸大名捐米(上米)。放寬交替參勤制。
1723	雍正	1	8	訂「足高」(祿額)制。
1742		7	寬保	2	近畿地方大水災。關東地方大洪水。
1758		23	寶曆	8	爆發寶曆事件。
1767		32	明和	4	爆發明和事件。
1772		37	安永	1	江戶大水災。
1773		38		2	諸國流行疫疾。
1783		48	天明	3	天明大饑饉。
1787		52		7	寬政改革開始。
1790		55	寬政	2	寬政異學之禁。
1794		59		6	江戶大火災。
1800	嘉慶	5	12	昌平坂學問所落成。
1808		13	文化	5	使長崎通事學法語。爆發費頓號事件。
1814		19		11	英船駛入長崎港。
1818		23	文政	1	試射大砲於鎌倉。
1822	道光	2	5	英船駛入浦賀港。
1825		5		8	下令擊退異國船隻。
1827		7		10	薩摩藩著手改革經濟。

1834		14	天保	5	起用水野忠邦。全國各地大饑饉。
1837		17		8	大鹽平八郎之亂。莫里遜號事件。
1837		19		10	蠻社之獄。
1841		21		12	天保改革開始。
1843		23		14	幕府下令農民回鄉。
1852	咸豐	2	嘉永	5	俄船至下田港。
1853		3		6	培里率軍艦赴日，要求日本開放門戶。
1854		4	安政	1	簽署〈日美親善條約〉。
1857		7		4	簽訂〈下田條約〉。
1858		8		5	簽訂〈日美修好通商條約〉。
1860		10	萬延	1	櫻田門外之變。
1862	同治	1	文久	2	坂下門外之變。生麥事件。
1863		2		3	薩英戰爭。
1864		3	元治	1	禁門之變。第一次征討長州藩。
1866		5	慶應	2	再征長州藩。
1867		6		3	幕府將政權歸還天皇。
1868		7	明治	1	戊辰戰爭。發布王政復古令。江戶改名東京，並以此為首都。
1869		8		2	戊辰戰爭結束。同意歸還版籍。
1871		10		4	廢藩置縣。
1873		12		6	發布徵兵令。修改地租。
1874		13		7	板垣退助等提出《民撰議院設立建白書》。板垣等創設立志社。派兵赴臺灣。
1875	光緒	1		8	設元老院、大審院、地方官會議。
1876		2		9	簽訂〈日朝修好條規〉。熊本神風連之亂。
1877		3		10	爆發西南戰爭。
1878		4		11	設參謀本部。

1880	6	13	創設橫濱正金銀行。公布〈集會條例〉。
1882	8	15	發布〈軍人敕諭〉。制訂〈日本銀行條例〉。朝鮮發生壬午兵變。福島事件。
1884	10	17	公布《華族令》。秩父事件。朝鮮發生甲申事變。松方正義採財經緊縮政策。
1885	11	18	採內閣制。簽訂〈中日天津條約〉。
1886	12	19	公布《帝國大學令》、《師範學校令》、《中學校令》、《小學校令》。
1887	13	20	大同團結運動。公布《保安條例》。
1888	14	21	公布市町村制。設置樞密院。
1889	15	22	公布《大日本帝國憲法》、《眾議院議員選舉法》、《貴族院令》。自年末起發生經濟恐慌。
1890	16	23	第一屆眾議院議員選舉。頒布〈教育敕語〉。召開第一屆帝國議會。
1891	17	24	爆發大津事件。
1892	18	25	選舉大干涉。
1894	20	27	東學黨之亂。中日甲午之戰起。
1895	21	28	簽訂〈中日馬關條約〉。俄德法三國干涉還遼。
1900	26	33	公布《治安警察法》。確立軍部現役武官制。爆發義和團事件，決定派兵。立憲政友會成立。
1901	27	34	社會民主黨成立。
1902	28	35	簽訂日英同盟。
1903	29	36	組織對俄同志會。平民社成立。
1904	30	37	《日韓議定書》簽字。日俄戰爭起。
1905	31	38	日本海海戰。〈朴茨茅斯條約〉簽字。
1906	32	39	組織日本社會黨。公布《鐵道國有法》。設立

南滿洲鐵道株式會社。簽訂〈第一次日韓協約〉。

1910	宣統	2		43	大逆事件檢舉開始。兼併韓國，設朝鮮總督府。
1912	民國	1		45	[清亡，中華民國興]。擁護憲政運動起。
1913		2	大正	2	大正政變。
1914		3		3	對德宣戰。佔據青島。
1915		4		4	向袁世凱提出對華〈二十一條要求〉。
1917		6		6	西原借款開始。
1918		7		7	公布《軍需工業動員法》。出兵西伯利亞。
1919		8		8	朝鮮爆發三‧一獨立運動。簽訂〈凡爾賽條約〉。
1922		11		11	〈海軍軍備限制條約〉成立。
1923		12		12	關東大震災。
1925		14		14	公布《普通選舉法》。
1927		16	昭和	2	金融恐慌開始。遣軍入侵山東。成立立憲民政黨。舉行東方會議。
1928		17		3	舉行第一次普選。
1930		19		5	〈倫敦海軍裁軍條約〉簽字。發生干犯統帥權問題。
1931		20		6	公布《重要產業統制法》。爆發九一八事變。
1932		21		7	建立「滿洲國」。五‧一五事件。
1936		25		11	締結日德義三國防共協定。
1937		22		12	爆發蘆溝橋事變。
1938		23		13	公布《國家總動員法》。
1940		29		15	締結日、德、義三國同盟。大政翼贊會起步。創大日本產業報國會。

1941	30	16	偷襲珍珠港，太平洋戰爭起。
1945	34	20	〈開羅宣言〉。〈波茨坦宣言〉。美軍在廣島、長崎投擲原子炸彈。日本向聯合國無條件投降。
1947	36	22	公布新憲法。
1948	37	23	公布教育委員會法。
1950	39	25	爆發韓戰。置警察預備隊。
1951	40	26	簽訂〈日美安全保障條約〉。
1953	42	28	電視開播。
1956	45	31	日、俄恢復邦交。正式決定日本加入聯合國。公布新教育委員會（教育委員任命制）。
1960	49	35	安保鬥爭。彩色電視開播。
1964	53	39	在東京舉行世運會。名神高速公路通車。東海道新幹線通車。
1970	59	45	新日本製鐵公司起步。〈日美安保條約〉自動延長。
1971	60	46	簽訂〈歸還沖繩協定〉。
1972	61	47	沖繩回歸日本。
1973	62	48	石油危機開始。
1974	63	49	美國總統福特訪日。
1976	65	51	洛克希德事件。
1978	67	53	簽署〈日中友好條約〉。
1985	74	60	雇用男女機會平等法成立。
1987	76	62	國有鐵路開放民營。
1988	77	63	利克路德事件。
1989	78 平成	1	實施消費稅法。
1992	81	4	佐川宅即便事件。
1995	84	6	阪神大震災。

日本歷代天皇一覽表

代數	天皇名	年號	在位年月
1	神武		B.C660.1 ～ B.C585.3
2	綏靖		581.1 ～ 549.5
3	安寧		549.7 ～ 551.12
4	懿德		510.2 ～ 477.9
5	孝昭		475.1 ～ 393.8
6	孝安		392.1 ～ 291.1
7	孝靈		290.1 ～ 213.2
8	孝元		214.1 ～ 158.9
9	開化		158.11 ～ 98.4
10	崇神		97.1 ～ 30.12
11	垂仁		B.C29.1 ～ A.D70.7
12	景行		71.7 ～ 130.11
13	成務		131.1 ～ 190.6
14	仲哀		192.1 ～ 200.2
15	應神		270.1 ～ 310.2
16	仁德		313.1 ～ 399.1
17	履中		400.2 ～ 405.3
18	反正		406.1 ～ 410.1
19	允恭		412.12 ～ 453.1
20	安康		453.12 ～ 456.8
21	雄略		456.11 ～ 479.8
22	清寧		480.1 ～ 484.1
23	顯宗		485.1 ～ 487.4
24	仁賢		488.1 ～ 498.8
25	武烈		498.12 ～ 506.12
26	繼體		507.2 ～ 531.2

27	安閑		531.2 ～ 535.12
28	宣化		535.12 ～ 539.2
29	欽明		539.12 ～ 571.4
30	敏達		572.4 ～ 585.8
31	用明		585.9 ～ 587.4
32	崇峻		587.8 ～ 592.11
33	推古		592.12 ～ 628.3
34	舒明		629.1 ～ 641.10
35	皇極		642.1 ～ 645.6
36	孝德	大化、白雉	645.6 ～ 654.10
37	齊明	齊明	655.1 ～ 661.7
38	天智	天資	668.1 ～ 671.12
39	弘文	天智臨朝	671.12 ～ 672.7
40	天武	天武、朱鳥	673.2 ～ 686.9
41	持統	持統	690.1 ～ 697.8
42	文武	文武、大寶、慶雲	697.8 ～ 707.6
43	元明	和銅	707.7 ～ 715.9
44	元正	靈龜、養老	715.9 ～ 724.2
45	聖武	神龜、天平	724.2 ～ 749.7
46	孝謙	天平勝寶、天平寶宇	749.7 ～ 758.8
47	淳仁	天平寶宇	758.8 ～ 764.10
48	稱德	天平神護、天平景雲	764.10 ～ 770.8
49	光仁	寶龜	770.10 ～ 781.4
50	桓武	延曆	781.4 ～ 806.3
51	平城	大同	806.5 ～ 809.4
52	嵯峨	弘仁	809.4 ～ 823.4
53	淳和	天長	823.4 ～ 833.2
54	仁明	承和、嘉祥	833.3 ～ 850.3
55	文德	齊衡、天安	850.4 ～ 858.8
56	清和	貞觀	858.11 ～ 876.11
57	陽成	元慶	877.1 ～ 884.2
58	光孝	仁和	884.2 ～ 887.8
59	宇多	寬平	887.11 ～ 897.7
60	醍醐	延喜、延長	897.7 ～ 930.9

61	朱雀	承平、天慶	930.11 ～ 946.4
62	村上	天曆、天德、康保	946.4 ～ 967.5
63	冷泉	安和	967.10 ～ 969.8
64	圓融	天祿、天延、貞元、天元、永觀	969.9 ～ 984.8
65	花山	寬和	984.10 ～ 986.6
66	一條	永延、永祚、正曆、長德、長保	986.7 ～ 1011.6
67	三條	長保、寬弘、長保	1011.10 ～ 1016.1
68	後一條	寬仁、治安、萬壽、長曆	1016.2 ～ 1036.4
69	後朱雀	長曆、長久、寬德	1036.7 ～ 1045.1
70	後冷泉	寬德、永承、天喜、康平、治曆	1045.4 ～ 1068.4
71	後三條	治曆、延久	1068.7 ～ 1072.12
72	白河	延久、承保、承曆、永保、應德	1072.12 ～ 1086.11
73	堀河	應德、寬治、嘉保、承德、康和、長治、嘉承	1086.12 ～ 1107.7
74	鳥羽	嘉承、天仁、天永、永久、元永、保安	1107.12 ～ 1123.1
75	崇德	保安、大治、長承、保延、永治	1123.2 ～ 1141.12
76	近衛	康治、天養、久安、久壽	1141.12 ～ 1155.7
77	後白河	久壽、保元	1155.10 ～ 1158.8
78	二條	平治、永曆、應保、永萬	1158.12 ～ 1165.6
79	六條	永萬、仁安	1165.7 ～ 1168.2
80	高倉	仁安、嘉應、承安、治承	1168.3 ～ 1180.2
81	安德	治承、養和、壽永	1180.4 ～ 1185.3
82	後鳥羽	元曆、文治、建久	1184.7 ～ 1198.1
83	土御門	建久、正治、建仁、元久、承元	1198.3 ～ 1210.11
84	順德	建曆、建保、承久	1210.12 ～ 1221.4
85	仲恭	承久	1221.4 ～ 1221.7
86	後堀河		1221.12 ～ 1232.10

87	四條	貞永、嘉禎、仁治	1232.12 ～ 1242.1
88	後嵯峨	仁治、寬元	1242.3 ～ 1246.1
89	後深草	寬元、建長、正元	1246.3 ～ 1259.11
90	龜山	正元、弘長、文永	1259.12 ～ 1274.1
91	後宇多	文永、建治、弘安	1274.3 ～ 1287.10
92	伏見	正應、永仁	1288.3 ～ 1298.7
93	後伏見	永仁、正安	1298.10 ～ 1301.1
94	後二條	正安、嘉元、德治	1301.3 ～ 1308.8
95	花園	德治、正和、文保	1308.11 ～ 1318.2
96	後醍醐	文保、元應、元亨、正中、 嘉曆、元德、元弘、建武、 延元	1318.3 ～ 1339.8
97	後村上	延元、興國、正平	1339.10 ～ 1368.3
98	長慶	正平、建德、文中、天授、 弘和	1368.3 ～ 1383.11
99	後龜山	弘和、元中	1383.10 ～ 1392.10
（ 北 朝 ）	光嚴	正慶	1332.3 ～ 1333.5
	光明	建武、曆心、曆水、 貞和	1337.12 ～ 1348.10
	崇光	貞和、觀應	1349.12 ～ 1351.11
	後光嚴	文和、延文、貞治、應安	1353.12 ～ 1371.3
	後圓融	應安、永和、永德	1374.12 ～ 1382.4
100	後小松	明德、應永	1392.10 ～ 1412.8
101	稱光	應永、正長	1414.12 ～ 1428.7
102	後花園	永享、嘉吉、文安、寶德、 享德、康正、長祿、寬正	1429.12 ～ 1464.7
103	後土御 門	寬正、應仁、文明、長享、 延德、明應	1465.12 ～ 1500.9
104	後柏原	大永	1521.3 ～ 1526.4
105	後奈良	天文、弘治	1536.2 ～ 1557.9
106	正親町	永祿、元龜、天正	1560.1 ～ 1586.11
107	後陽成	天正、文祿、慶長	1586.11 ～ 1611.3
108	後水尾	慶長、元和、寬永	1611.4 ～ 1629.11
109	明正	寬永	1630.9 ～ 1643.10

110	後光明	寬永、正保、慶安、承應	1643.10 ～ 1654.9
111	後西	明曆、萬治、寬文	1656.1 ～ 1663.1
112	靈元	寬文、延寶、天和、貞享	1663.4 ～ 1687.3
113	東山	貞享、元祿、寶永	1687.4 ～ 1709.6
114	中御門	寶永、正德、享保	1710.11 ～ 1735.3
115	櫻町	享保、元文、寬保、延享	1735.11 ～ 1747.5
116	桃園	延享、寬延、寶曆	1747.9 ～ 1762.7
117	後櫻町	寶曆、明和	1763.11 ～ 1770.11
118	後桃園	明和、安永	1771.4 ～ 1779.11
119	光格	安永、天明、寬政、享和、文化	1780.12 ～ 1817.3
120	仁孝	文化、文政、天保、弘化	1817.9 ～ 1846.2
121	孝明	弘化、嘉永、安政、萬延、文久、元治、慶應	1847.9 ～ 1866.12
122	明治	明治	1868.8 ～ 1912.7
123	大正	大正	1915.11 ～ 1926.12
124	昭和	昭和	1928.11 ～ 1989.1
125	平成	平成	1989.1 ～

幕府將軍一覽表

時期	代數	將軍氏名	在任年代
鎌倉幕府	1	源賴朝	1192 ～ 1199
	2	源賴家	1202 ～ 1203
	3	源實朝	1203 ～ 1219
	4	九條賴經	1226 ～ 1244
	5	九條賴嗣	1244 ～ 1252
	6	宗尊親王	1252 ～ 1266
	7	惟康親王	1266 ～ 1289
	8	久明親王	1289 ～ 1308
	9	守邦親王	1308 ～ 1333
室町幕府	1	足利尊氏	1338 ～ 1358
	2	足利義詮	1358 ～ 1367
	3	足利義滿	1368 ～ 1393
	4	足利義持	1394 ～ 1423
	5	足利義量	1423 ～ 1425
	6	足利義教	1429 ～ 1441
	7	足利義勝	1442 ～ 1443
	8	足利義政	1449 ～ 1473
	9	足利義尚	1473 ～ 1489
	10	足利義稙	1490 ～ 1521
	11	足利義澄	1494 ～ 1508
	12	足利義晴	1521 ～ 1546
	13	足利義輝	1546 ～ 1565
	14	足利義榮	1568 ～ 1568
	15	足利義晴	1568 ～ 1573
	1	德川家康	1603 ～ 1605
	2	德川秀忠	1605 ～ 1623

	3	德川家光	1623 ～ 1651
	4	德川家綱	1651 ～ 1680
	5	德川綱吉	1680 ～ 1709
	6	德川家宣	1709 ～ 1712
江	7	德川家繼	1713 ～ 1716
戶	8	德川吉宗	1716 ～ 1745
	9	德川家重	1745 ～ 1760
幕	10	德川家治	1760 ～ 1786
府	11	德川家齊	1787 ～ 1837
	12	德川家慶	1837 ～ 1853
	13	德川家定	1853 ～ 1858
	14	德川家茂	1858 ～ 1866
	15	德川慶喜	1866 ～ 1867

參考書目

中文部分

《二十四史》，臺北：臺灣商務印書館，百衲本。

《明實錄》，臺北：中央研究院歷史語言研究所影印本。

余又蓀，《日本史》三冊，臺北：中華文化出版事業委員會，1956。

甘友蘭，《日本通史》上、下，臺北：臺灣東方書店，1958。

李永熾，《日本史》，臺北：牧童出版社，1960。

陶振譽，《日本史綱》，臺北：國防研究院，1964。

宋越倫，《中日民族文化交流史》，臺北：正中書局，1966。

陳水逢，《日本近代史》，臺北：中華學術院日本研究所，1968。

鄭學稼，《日本史》五冊，臺北：黎明文化事業股份有限公司，1977。

鄭樑生，《明史日本傳正補》，臺北：文史哲出版社，1981。

鄭樑生，《元明時代東傳日本的文獻》，臺北：文史哲出版社，1984。

鄭樑生，《明代中日關係研究》，臺北：文史哲出版社，1985。

鄭樑生，《元明時代東傳日本的水墨畫》，臺北：文史哲出版社，1986。

鄭樑生，《中日關係史研究論集》一～十二，臺北：文史哲出版社，1987–
    2003。

鄭樑生，《日本通史》，臺北：明文書局，1993。

鄭樑生，《中日關係史》，臺北：五南書局，2001。

曾煥棋，《日本江戶時代蘭學的發展》，臺北：中國文化大學日本研究所，
    1984。

林明德，《日本史》，臺北：三民書局，1986。

崔丕，《近代東北亞國際關係史》，長春：東北師範大學出版部，1992。

姜萬吉著，賀劍城等譯，《韓國近代史》，北京：東方出版社，1993。

信夫清三郎著，于時化譯，《甲午日本外交內幕》，泰安：中國國際廣播出版社，1994。

戴逸、楊東、梁華著，《甲午戰爭與東亞政治》，北京：中國社會科學出版社，1994。

外文部分

《古事記》，東京：吉川弘文館，國史大系本，1968。

《令義解》，東京：吉川弘文館，普及版，1968。

《令集解》，東京：吉川弘文館，普及版，1985。

《日本書紀》，東京：吉川弘文館，國史大系本，1986。

《續日本紀》，東京：吉川弘文館，國史大系本，1986。

《日本後紀》，東京：吉川弘文館，國史大系本，1986。

《續日本後紀》，東京：吉川弘文館，國史大系本，1986。

《日本三代實錄》，東京：吉川弘文館，國史大系本，1986。

《日本文德天皇實錄》，東京：吉川弘文館，國史大系本，1986。

鄭樑生，《明・日關係史の研究》，東京：雄山閣，1985。

豐田武，《概說日本史》，東京：大阪教育圖書出版社，1967。

豐田武，《日本の封建都市》，東京：吉川弘文館，1977。

今井清一，《大正デモクラシー》，東京：中央公論社，日本の歷史，二三，1967。

三上次男編，《日本のあけぼの》，東京：集英社，圖說日本の歷史，一，1974。

三品彰英編，《神話の世界》，東京：集英社，圖說日本の歷史，二，1974。

川崎庸之編，《平安の都》，東京：集英社，圖說日本の歷史，四，1974。

小西四郎編，《近代國家の展開》，東京：集英社，圖說日本の歷史，一四，1974。

水野祐，《大和の政權》，東京：教育社，1977。

小和田哲夫，《戰國大名》，東京：教育社，1978。

石田母正，《日本の古代國家》，東京：岩波書店，1980。

井上光貞等，《大化改新と東アヅア》，東京：山川出版社，1981。

村上護，《日本の海賊》，東京：講談社，1982。

川崎庸之，《平安の文化と歷史》，東京：東京大學出版會，1983。

三宅正樹等，《昭和史の軍部と政治》，東京：第一法規出版，1984。

小西英夫，《昭和フアシストの群像》，東京：校倉書房，1985。

大久保利謙編，《明治日本の開花》，東京：集英社，圖說日本の歷史，一
　　　五，1986。

大久保利謙，《明治國家の形成》，東京：吉川弘文館，1986。

大日方純夫，《天皇制警察と民眾》，東京：日本評論社，1987。

水野明，《中日關係史概說》，名古屋：中部日本教育文化會，1987。

矢木明夫，《近代日本經濟史》，東京：評論社，1989。

角林文雄，《任那滅亡と古代日本》，東京：學生社，1989。

原田勝正，《昭和世相史》，東京：小學館，1989。

湊敏郎，《姓と日本古代國家》，東京：吉川弘文館，1989。

箭內健次，《鎖國日本と國際交流》上、下，東京：吉川弘文館，1989。

關晃古稀記念會編，《律令國家の構造》，東京：吉川弘文館，1989。

大濱徹也，《天皇の軍隊》，東京：教育社，1991。

松浦章，《中國の海賊》，東京：東方書店，1995。

太田弘毅，《蒙古襲來——その軍事史的研究》，東京：錦正社，1997。

田中健夫，《東アヅア交通圈と國際認識》，東京：吉川弘文館，1997。

江坂輝彌等，《新日本史 B》，東京：桐原書店，1998。

太田弘毅，《倭寇——商業・軍事史的研究》，橫濱：春風社，2002。

松浦章，《清代海外貿易史の研究》，京都：朋友書店，2002。

圖片出處：11: 桐原書店。18, 19, 20 ,21: The Takata Institute of Japanese Imperial
　　　Classical Costume. 30: 內藤昌。37, 40: 日本國會圖書館。38- ② : 聖心女子大
　　　學史學研究室。38- ③ : 德川林政史研究所。38- ④ , 38- ⑦ : 三越資料編纂

室。38- ⑤ , 38- ⑧ :（財）黑船館。38- ⑥ : 大垣市市立圖書館。41: 社團法人　西日本工業倶樂部。42: 集英社刊「圖說日本の歷史 16・大正新帝國の登場」。43, 44: 日本近代文學館。45: Shokodo Ltd. & Japan Artists Association, Inc. 46: 內務省失業狀況推定月報。47: 昭日經濟年史昭和 6 年版。48, 49, 50, 51: 每日新聞社。52, 54:（株）共同通信社。55: AFP/CORBIS.

在字裡行間旅行，
實現您 周遊列國 的夢想

尼泊爾史——雪峰之側的古老王國

這個古老的國度雪峰林立，民風純樸，充滿神祕的色彩。她是佛陀的誕生地，驍勇善戰的廓爾喀士兵的故鄉。輝煌一時的尼泊爾，在內憂外患中沉默，直到2001年爆發的王宮滅門慘案，再度成為國際焦點，真是王儲為情殺人或是另有隱情？尼泊爾又該何去何從？

菲律賓史——東西文明交會的島國（增訂二版）

由於特殊的殖民背景，菲律賓融合了傳統東方文化與現代西方文明，在「外表東方，內心西方」的十字路口，且看菲律賓如何在殖民統治下，努力走向獨立的民主國家，走出屬於自己的獨特道路。

約旦史——一脈相承的王國

位處於非、亞交通要道上的約旦，先後經歷多個政權更替，近代更成為以色列及阿拉伯地區衝突的前沿地帶。本書將介紹約旦地區的滄桑巨變，並一窺二十世紀初建立的約旦王國，如何在四代國王的帶領下在混亂的中東情勢中求生存的傳奇經歷。